BIBLIOTHEQUE DAIGAKUSYORIN

Gustave Flaubert

Un cœur simple

ギュスターヴ・フローベール

純 な 心

中島 太郎 訳注

LIBRAIRIE DAIGAKUSYORIN

はしがき

　本書はギュスターヴ・フローベール（1821~1880）の短編『純な心』（*Un cœur simple*, 1876 年）の全訳である。フランス語の原文とその対訳とともに、語学学習の助けとなるよう、文法事項を中心に注釈を加えた。

　ノルマンディー地方のルーアンで生まれたフローベールは、『ボヴァリー夫人』の作者として知られている。いわゆる写実主義の小説家として有名だが、本人はこの流派に分類されることを嫌い、自らの小説美学にもとづき、新たな散文を生み出すべく文体の彫琢に打ち込んだ。その創作の苦しみは、友人たちへの書簡の至るところで語られている。執筆中は人との交流を絶って書斎に引きこもったことから、土地の名をとって「クロワッセの隠者」とも呼ばれる。文体の完璧な美に生涯を捧げたこの芸術家の創作への情熱は、彼の目に常に愚劣と映る同時代のブルジョワ社会に対する憤りと裏腹であった。

　本作『純な心』は、短編集『三つの物語』（1877 年刊）の冒頭に収められている。晩年クロワッセで書かれたこの作品には、この頃作者が見舞われた数々の不幸が影を落としている。その一方で、不思議な明るさの漂う作品でもある。当時、つねに傍らで創作を見守ってきた詩人ルイ・ブイエの死に続き、サント゠ブーヴ、ジュール・ド・

はしがき

ゴンクール、テオフィル・ゴーチエといった友人が次々に世を去る。1872 年には最愛の母の死。それに加え、自らの健康の不調、『聖アントワーヌの誘惑』の不評、『ブヴァールとペキュシェ』の執筆の行き詰まり、さらに追い打ちをかけるように、姪カロリーヌの夫コマンヴィルが破産。フローベールは私財を投げうって彼らのために奔走し、その結果ドーヴィルの所有地を売却することになるが、クロワッセの家はどうにか手放さずに済む。救済を申し出たジョルジュ・サンドに、この家だけは何としても売るつもりはないと述べている。「こんなにも優しい思い出の残るこの古い家を去らなければならないとしたら、私にはひどく悲しいことでしょう。」(75 年 11 月) 作中、家の売却により部屋を退去せざるをえないフェリシテの苦悩は、作者自身の心境を代弁している。

『純な心』の構想と執筆は、1876 年 2 月から 8 月にかけて行われた。この間、かつての愛人ルイーズ・コレ、さらに敬愛するジョルジュ・サンドが死ぬ。サンドの死後に書かれた書簡で、フローベールは物語の構想についてこう述べる。「『純な心の物語』は、まったくのところ世に埋もれた一つの人生を語ったものです。貧しい田舎娘で、信心深いけれど狂信的ではなく、献身的だが高ぶることのない、焼きたてのパンのような優しさをたたえた、そんな娘の人生です。彼女は一人の男、女主人の子供たち、甥っ子、世話をしている老人、そして自分の鸚

はしがき

鸚鵡に、次々と愛情を注ぐのです。鸚鵡が死ぬと、彼女は
その鸚鵡を剝製にし、今度は自分が死ぬ時になると、その鸚鵡を聖霊と思い込んでしまう。それは少しも皮肉なものではなく、それどころかとても真面目で悲しい物語なのです。感じやすい心を持つ人々の哀れみをさそい、泣いてほしいのです。私自身もまたそういう心の持ち主なのですから。ああ、先週の土曜日、ジョルジュ・サンドの葬儀で、お孫さんのオーロールを抱いた時、そしてこの古い友人の柩を見たとき、私は思わず泣きじゃくりました。」(76年6月、ロジェ・デ・ジュネット夫人宛)

　一方で、小説世界を彩っているのは暗澹たる思い出ばかりではない。『純な心』には細部に至るまで、作者自身の過去の記憶、とりわけ幼少期の記憶が散りばめられている。フェリシテの人物造形には、フローベール家に生涯仕えた女中ジュリーの姿が刻まれている。庭で無邪気に戯れる幼いポールとヴィルジニーは、子供時代のギュスターヴと妹カロリーヌの姿そのものである。それは幸福で甘美な記憶の甦りである。のちに印象派たちが好んで描くトゥルーヴィルは、何よりもギュスターヴが毎年夏のバカンスで家族と過ごした場所だ。小説で描かれるトゥルーヴィルもドーヴィルも、高級リゾート地として近代化する前の、ほんの小さな港であった頃の姿である。のちにフローベールはかつての友人にこう回想している。「今のトゥルーヴィルは嫌いだとおっしゃるあ

— iii —

はしがき

なたに私は感謝したい気持ちです。…あわれなトゥルー
ヴィル！　私の青春の最良の部分がそこで過ぎたのです。
私たちが浜辺で一緒に過ごした時以来、多くの波があそ
こに押し寄せました。でも、どんな嵐もあの頃の思い出
を消し去ることはありませんでした。過去を振り返って
眺めるせいで、物事は美しく見えるものなのでしょう
か？」（76年12月、ガートルード・テナント宛）幼少
期の美しい時間を甦らせるこの作品は、フローベール家
の所有していた土地の風景が、浜辺リゾートの誕生に
よって徐々に失われていく、まさにその時代に書かれて
いる。

　時代から取り残されたようなフェリシテは、やがて
次々に身近な人々を失い、孤独な人生を送る。決して幸
福とは言えない彼女の名前は、「至福」という。幸福や
喜びという意味もあるが、神の恩寵によって祝福された、
というのが本来の意味である。ちなみに、フローベール
『紋切型辞典』（岩波文庫、小倉孝誠訳）には、「至福：常
に〈申し分のない〉」とあり、明らかに『純な心』を連
想させる。また、伝統に従って「純な」と訳したsimple
という語は、そもそも両義的な意味を含む言葉である。
純真、けがれない、という意味がある一方、単純で愚か
な、という意味にもなる。読み書きができないという点
では、無知というニュアンスも含まれているだろう。と
はいえ、物語で一貫して描かれているのは、自らを取り

— iv —

はしがき

巻く人々や動物に対する彼女の変わらぬ愛情である。本人は終始、そのことに無自覚なまま、ひたすら献身的に尽くす。田舎の無学で貧しい女中に至福が訪れる瞬間があるとすれば、それはこうした心の「単純さ」と無関係ではないだろう。

ノルマンディーの片田舎を舞台とするこの作品は、田舎の退屈な結婚生活を描く『ボヴァリー夫人』と多くの共通点を持つ。フェリシテの勤勉さは農事共進会の老婦カトリーヌ・ルルーに重なるし、知識をひけらかすブレは俗物の薬剤師オメーに瓜二つである。しかし、身の回りのものをこよなく愛するフェリシテは、満たされない田舎暮らしから逃れてロマンチックな夢と自己の欲望に生きたエンマとは違う。素朴な女中は、聖書に触れることでむしろ、田園の生活にさらに愛着を抱くようなる。また、聖霊について思いをめぐらせ、ますます鸚鵡をいとおしむようになる。聖霊は鳩の形をとると言うが、フェリシテは本能的に自分の鸚鵡ルルこそが聖霊であるに違いないと考える。この観念と象徴との奇妙な関係は、小説の最後の場面において、一つの頂点を迎えることになる。読む者が、剝製のルルに一心にすがるフェリシテの姿を、単に愚かな偶像崇拝だと笑うことができないのは、物語の後半においてルルがある種の聖性を帯びていく過程が、愛するものも外界との関わりも失った彼女が天涯孤独になっていく過程と重なっているからである。

はしがき

　孤立を深めるにつれて、フェリシテの夢想は輝きを増していく。プルーストは無意志的記憶についての作品を書いたが、『純な心』にも記憶のテーマは随所に見られる（プルーストは『純な心』に少なからぬ着想を得ていた）。エクモーヴィルの丘の頂きにたたずんで、ふと過去の記憶が「押し寄せる波のように」一気に甦り、胸をつまらせる場面。臨終の床で、御者の「一斉射撃」を耳にし、かつて馬車の鞭に打たれたことを想起する場面。死者たちの思い出の中、なかば夢遊状態で生きるフェリシテにとって、鸚鵡はこの世で唯一の拠りどころとなる。感覚を失い、思考の力が狭まるにしたがって、フェリシテの幻視の力はより一層強まっていき、そのような中で鸚鵡と聖霊は混然一体となる。はたして、最後に訪れる幻視によって、彼女はついに至福を得ることができたのだろうか。結末は一種の晴れやかな両義性に開かれており、その判断は読者に委ねられていると言える。

　なお、『三つの物語』の他の二編、『聖ジュリアン伝』『ヘロディアス』では、中世と古代という異なる時代を背景としつつも宗教のテーマは共通しており、作品全体でキリスト教の起源へと遡行する形となっている。

　本書の底本については、句読法の異なる版を比較した上、以下を使用した。Gustave Flaubert, *Trois contes*, édition de Pierre-Marc de Biasi, Flammarion, 1986。また、注の豊富な以下の版を随時参照した。Flaubert, *Un cœur*

— vi —

はしがき

simple, présentation et notes de Marie-France Azéma, Librairie Générale Française, « Le Livre de poche », 1994 ; *Trois contes*, introduction et notes par Pierre-Marc de Biasi, Librairie Générale Française, « Le Livre de Poche », 1999。引用した書簡はプレイヤード版（*Correspondance*, édition de Jean Bruneau et Yvan Leclerc, Gallimard, « Pléiade », 1973-2007）に基づく。訳出にあたって、新旧含めて多くの既訳を参照したが、訳語の重複をできるだけ避け、あくまでも新訳を心がけた。なお、大学書林語学文庫には以前、加藤俊夫訳注『純な心』（1958年）があったことを付記する。キリスト教の語彙については、『岩波 キリスト教辞典』を主に参照した。また、本作品に関しては、『世界の名作を読む』（角川ソフィア文庫）に収められた工藤庸子氏の解説がわかりやすい。さらに詳しくは、同じ著者による『近代ヨーロッパ宗教文化論』（東京大学出版会）を参照されたい。

　最後に、本書のきっかけを与えてくださった早稲田大学理工学術院の但田栄先生に心より感謝申し上げます。また、大学書林社長佐藤政人氏、佐藤歩武氏に大変お世話になりました。心より御礼申し上げます。

2018年2月20日　中島太郎

Baptême de Notre-Seigneur (image d'Épinal)
Photo © RMN-Grand Palais (MuCEM) / Jean-Gilles Berizzi / distributed by AMF

UN CŒUR SIMPLE

純な心

I

Pendant un demi-siècle, les bourgeoises[1] de Pont-l'Évêque[2] envièrent à[3] Mme Aubain sa servante Félicité.

Pour cent francs par[4] an, elle faisait la cuisine et le ménage, cousait, lavait, repassait, savait[5] brider un cheval, engraisser les volailles, battre le beurre, et resta fidèle à sa maîtresse, — qui cependant n'était pas une personne agréable.

Elle[6] avait épousé un beau garçon sans fortune, mort au commencement de 1809, en lui laissant[7] deux enfants très jeunes avec une quantité de[8] dettes. Alors elle vendit ses immeubles, sauf la ferme de Toucques et la ferme de Geffosses[9], dont[10] les rentes montaient à 5 000 francs tout au plus[11], et elle quitta sa maison de Saint-Melaine pour en[12] habiter une

---

1) **bourgeoise**：中産階級の女性。オバン夫人はこの階級に属する。2) **Pont-l'Évêque**：トゥック河畔に位置する、ノルマンディー地方カルヴァドス県リジュー郡の小都市。司教の橋の意。フローベールの母（Anne Justine Caroline Fleuriot, 1793~1872）の生まれ故郷。3) **envier qc. à qn.**：「～が（持つ）～をうらやむ」。4) **Pour ... par ~**：「～につき…の対価で」。5) **savait**：savoir + inf.「～するすべを心得ている、～できる」。6) **Elle**：= Mme Aubain。7) **en lui laissant**：en +

— 2 —

I

　半世紀にわたって、ポン＝レヴェックの奥さま方は、オバン夫人にフェリシテのような女中がいるのをうらやましく思っていた。

　年に 100 フランで、彼女は料理と掃除をし、針仕事、洗濯、アイロンがけをこなし、馬勒のつけ方、家禽の太らせ方、バターのかき混ぜ方まで心得ていた。そして女主人にはいつも変わらず忠実だった。——しかしながら、この女主人というのは感じのいい人ではなかった。

　女主人は、ある資産のない美青年と結婚したが、彼は1809 年の初めに、まだ幼いふたりの子供と多額の借金を残して死んでしまった。そこで、トゥックの農場とジェフォスの農場を別にして、自分の不動産を売り払った。農場からの収益はせいぜい 5000 フランだったので、それまでのサン＝ムレーヌの家を離れて、先祖代々の持

現在分詞。同時性を表すジェロンディフ。lui = à Mme Aubain。8) **une quantité de**：「多くの」。9) **Toucques、Geffosses**：いずれもフローベールの母の所有する農場で、ポン＝レヴェックから約 10 km にある。10) **dont**：二つの農場（rentes の補語）を先行詞とする関係代名詞。11) **tout au plus**：「せいぜい」。12) **en**：maison をさす中性代名詞（= une autre maison moins dispendieuse）。

— 3 —

Chapitre 1

autre moins dispendieuse, ayant appartenu à[13] ses ancêtres et placée derrière les halles.

Cette maison, revêtue d'ardoises, se trouvait[14] entre un passage et une ruelle aboutissant à la rivière. Elle
5 avait intérieurement des différences de niveau qui faisaient[15] trébucher. Un vestibule étroit séparait la cuisine de la *salle*[16] où Mme Aubain se tenait[17] tout le long du[18] jour, assise près de la croisée[19] dans un fauteuil de paille. Contre le lambris, peint en blanc,
10 s'alignaient huit chaises d'acajou. Un vieux piano supportait, sous un baromètre, un tas pyramidal de boîtes et de cartons. Deux bergères[20] de tapisserie flanquaient la cheminée en marbre jaune et de style Louis XV[21]. La pendule, au milieu, représentait un
15 temple de Vesta[22] ; — et tout l'appartement sentait un peu le moisi, car le plancher était plus bas que le jardin.

---

13) **ayant appartenu à**：appartenir à「〜の所有である」。
ayant は maison を修飾する avoir の現在分詞。14) **se trou-ver**：= exister。15) **faisaient**：faire + inf.「〜させる」(使役)。
文頭の Elle = cette maison。16) *salle*：1 階のオバン夫人の
居間。17) **se tenir**：「(ある状態に)とどまる」。18) **tout le
long de**：「〜のあいだ中」。19) **croisée**：「十字窓」。ガラス
部分が十字型の格子で仕切られた窓。20) **bergère**：「大型の

— 4 —

第1章

ち家で市場の裏手にある、あまり高くつかない家に移り住むことにした。

　この家はスレート葺で、細い通り道と、川に出る路地とのあいだにあった。家の中には、つまずきやすい段差がいくつもあった。狭い玄関の両側に台所と居間があり、居間ではオバン夫人が一日中、窓際で、わらの肘掛椅子に腰かけていた。白く塗った壁板に寄せて、マホガニーの椅子が八つ並んでいた。晴雨計の下には古いピアノがあり、木箱やボール箱がピラミッド状に積み上げられている。二つのつづれ織りの安楽椅子が、黄色い大理石でできたルイ15世様式の暖炉の両脇に据えられていた。中央に置かれた振り子時計はウェスタの神殿をかたどったものである。――そして部屋全体が少し黴くさかった。というのも、床が庭よりも低かったからである。

安楽椅子」。次の暖炉と同じくルイ15世様式。21) **style de Louis XV**：ルイ15世（在位1715~74）時代の装飾様式で、建築や家具などにおいて繊細かつ優美、やわらかな曲線を特徴とする。ロココ様式に代表される。22) **un temple de Vesta**：かまどの火を司る女神で、古代ローマの守護神としても信仰されたウェスタを祀る円形の神殿。

Chapitre 1

Au premier étage[23], il y avait d'abord[24] la chambre de « Madame »[25], très grande, tendue d'[26] un papier à fleurs pâles, et contenant le portrait de « Monsieur » en costume de muscadin[27]. Elle communiquait avec[28] une chambre plus petite, où l'on voyait deux couchettes d'enfants, sans matelas. Puis venait le salon[29], toujours fermé, et rempli de[30] meubles recouverts d'un drap. Ensuite un corridor menait à[31] un cabinet d'étude ; des livres et des paperasses garnissaient les rayons d'une bibliothèque[32] entourant de ses trois côtés un large bureau de bois noir. Les deux panneaux en retour[33] disparaissaient sous des dessins à la plume, des paysages à la gouache et des gravures d'Audran[34], souvenirs d'un temps meilleur et d'un luxe évanoui. Une lucarne au second étage éclairait la chambre de Félicité, ayant vue sur[35] les prairies.

---

23) **premier étage**：「２階」。１階は rez-de-chaussée。24) **d'abord**：「まず、最初に」。25) « **Madame** »、« **Monsieur** »：引用符はフェリシテの視点を示す。26) **tendu(e) de**：「～を張った」。27) **muscadin**：フランス革命の反動期に麝香(じゃこう)(musc)をつけて粋(いき)を標榜した王党派青年たち。28) **communiquer avec**：「(部屋が)～とつながっている」。29) **Puis venait le salon**：副詞が文頭にくると、主語と動詞が倒

第1章

　2階に上がると、すぐ「奥さま」の部屋があった。と
ても広く、薄色の花模様の壁紙が張られ、粋な王党派青
年の衣装を着込んだ「旦那さま」の肖像画が掛けてあっ
た。部屋はもう少し小さい部屋に続いており、ここには
マットレスのない子供用ベッドが二つ見える。その次が
サロンだが、いつも閉め切っていて、布で覆われた家具
でいっぱいだった。そこから廊下で書斎へ通じている。
本や無用の書類がぎっしりつまった書棚が、黒い木製の
大きな机を三方から囲んでいた。部屋の隅の二つの壁板
は、ペン画やグワッシュの風景画、オドランの版画で埋
め尽くされていて、より良き時代と、消え去った豪華な
暮らしを偲ばせている。3階では屋根窓から入る光が、
フェリシテの部屋を明るくしており、そこからは牧草地
を見晴らすことができた。

置されることがある。30) **rempli de**：「〜でいっぱいの」。
31) **mener à**：「〜 に 通 じ る 」。32) **rayons d'une biblio-
thèque**：「書棚」。33) **en retour**：「(面が) 曲がり目になっ
た」。34) **Audran**：多くの版画家を輩出した一族。ここでは
ルイ 14 世に仕えたジェラール・オドラン (1640～1703) をさ
すと思われる。35) **ayant vue sur**：「〜に面している、〜を
見晴らせる」。

— 7 —

Chapitre 1

Elle se levait dès l'aube, pour ne pas manquer la messe, et travaillait jusqu'au soir sans interruption ; puis, le dîner étant fini[36], la vaisselle en ordre et la porte bien close[37], elle enfouissait la bûche sous les cendres et s'endormait devant l'âtre, son rosaire[38] à la main. Personne[39], dans les marchandages, ne montrait plus d'entêtement. Quant à[40] la propreté, le poli de ses casseroles faisait le désespoir des[41] autres servantes. Économe[42], elle mangeait avec lenteur, et recueillait du doigt sur la table les miettes de son pain, — un pain de douze livres[43], cuit exprès[44] pour elle, et qui durait vingt jours.

En toute saison[45] elle portait un mouchoir d'indienne[46] fixé dans le dos par une épingle, un bonnet lui cachant les cheveux[47], des bas gris, un jupon rouge, et par-dessus sa camisole un tablier à bavette, comme les infirmières d'hôpital.

---

36) **le dîner étant fini**：「夕食が終わると」。時を表す絶対分詞構文（= quand le dîner était fini）。37) **la vaisselle en ordre et la porte bien close**：en ordre、bien close は様態を表す状況補語。名詞＋様態表現（形容詞、過去分詞、前置詞＋名詞）。38) **rosaire**：「ロザリオ」。カトリック信徒が祈りを唱える際に用いる数珠状の輪。39) **Personne ... ne**：「誰も〜ない」。40) **Quant à**：「〜に関しては」。41) **faire le désespoir de**

第1章

　彼女はミサを欠かさないように夜明けとともに起き、それから晩までいっときも休まず働いた。やがて、夕食が終わり、食器を片づけてしっかり戸締りをすると、薪を灰の中に埋めて、ロザリオを手にしたまま暖炉の前で眠り込むのだった。ものを値切ることにかけては、誰にも負けないほどしぶとかった。きれい好きといえば、彼女の磨いた鍋のつやは、ほかの女中たちに到底かなわないと思わせるほどだった。締まり屋とあって、時間をかけて食事をし、テーブルの上のパンくずを指でかき集めた。——自分の分としてわざわざ焼いた6kgもあるパンで、それを20日もかけて食べるのだった。

　年中、背中にピンでとめたインド更紗のスカーフをつけ、ボンネットで髪を隠し、灰色の靴下に赤いスカートをはいていた。短い半袖の上には、病院の看護婦のように胸当てのあるエプロンをしていた。

---

qn.：「〜の嘆きの種となる。〜を太刀打ちできない気持ちにさせる」。42) **Économe**：elle の同格形容詞で原因を表す。43) **douze livres**：1リーヴル＝500g。44) **exprès**：[ɛksprɛ]「わざわざ、特別に」。45) **En toute saison**：「一年中」。46) **mouchoir d'indienne**：模様染めしたインド産綿布のスカーフ（＝ mouchoir de cou）。47) **lui cachant les cheveux**：人称代名詞（間接目的補語）＋動詞＋（定冠詞付き）身体の一部。lui は les cheveux の所有者フェリシテをさす。ex. Je lui ai pris la main.「私は彼（女）の手をとった」。

— 9 —

Chapitre 1

Son visage était maigre et sa voix aiguë[48]. A vingt-cinq ans, on lui en donnait quarante[49]. Dès la cinquantaine, elle ne marqua plus aucun âge ; — et, toujours silencieuse, la taille droite et les gestes mesurés[50], semblait une femme en bois, fonctionnant d'une manière automatique.

---

48) **sa voix aiguë** : = sa voix était aiguë。49) **en donnait quarante** : = donnait quarante ans。donner「（年齢など）を

第 1 章

　顔はやせていて、甲高い声をしていた。25 の歳には、40 に見えた。50 を越すと、もう何歳かまるでわからなかった。——そしていつも押し黙り、背筋をまっすぐに伸ばし、規則正しく身動きするところは、自動式の木製人形のように見えた。

推 定 す る 」。50) **la taille droite et les gestes mesurés：** droite、mesurés は様態を示す状況補語。

II

Elle avait eu[51], comme une autre[52], son histoire d'amour.

Son père, un maçon, s'était tué en tombant[53] d'un échafaudage. Puis sa mère mourut, ses sœurs se dispersèrent, un fermier la[54] recueillit, et l'employa toute petite à[55] garder les vaches dans la campagne. Elle grelottait sous des haillons, buvait à plat ventre[56] l'eau des mares, à propos de rien[57] était battue, et finalement fut chassée pour un vol de trente sols[58], qu'elle n'avait pas commis. Elle entra dans une autre ferme, y devint fille de basse-cour[59], et, comme elle plaisait aux patrons, ses camarades la jalousaient.

Un soir du mois d'août (elle avait alors dix-huit ans), ils[60] l'entraînèrent à l'assemblée[61] de Colleville[62]. Tout de suite[63] elle fut étourdie, stupéfaite par

---

51) **avait eu**：フェリシテの生い立ちを回想するため大過去が用いられている。52) **une autre**：= une autre femme。53) **en tombant**：原因を表すジェロンディフ。54) **la**：= Félicité。55) **l'employa toute petite à**：employer qn. à + inf.「～を～するのに使う」。l' = la = Félicité。tout は副詞（「まったく、非常に」）だが、子音で始まる女性形容詞の前では性数一致。56) **à plat ventre**：「腹ばいになって」。57) **à propos de rien**：「これといった理由もなく、なんでもないことで」。

— 12 —

II

　彼女にも、ほかの女と同じように、恋の物語があった。

　父は石工で、足場から落ちて死んだ。やがて母が死に、姉妹は離れ離れになった。彼女はある小作人に引き取られ、ほんの小さいうちから野良に出て牛の番をさせられた。ぼろ着のまま寒さに震え、腹ばいになって沼の水を飲み、わけもなく段られ、あげくの果てにわずか30ソルを盗んだといって追い出された。そんなことはあずかり知らぬことだった。また別の農家に入り、家禽や家畜の世話係になったが、そこの主人たちに気に入られたので、仲間たちからはねたまれた。

　8月のある晩（彼女はその頃18歳だった）、仲間たちは彼女をコルヴィルの村祭りに引っ張っていった。着くなり彼女は頭がくらくらし、唖然としてしまった。村の

à propos de「～に関して」。58) **trente sols**：sol は通貨単位 sou の古形。わずかな金額の意。59) **fille de basse-cour**：家禽家畜の世話をする雇われ女。devenir のあとで職業を表す名詞は無冠詞。60) **ils**：= ses camarades。61) **assemblée**：「（方言）祭り」。62) **Colleville**：港町フェカンから内陸6 kmにあるノルマンディー地方の町。63) **Tout de suite**：「すぐに、ただちに」。

Chapitre 2

le tapage des ménétriers[64], les lumières dans les
arbres, la bigarrure des costumes, les dentelles, les
croix d'or, cette masse de monde[65] sautant à la fois[66].
Elle se tenait à l'écart[67] modestement, quand un
jeune homme d'apparence cossue, et qui fumait sa
pipe les deux coudes sur le timon d'un banneau[68],
vint l'inviter à la danse. Il lui[69] paya du cidre[70], du
café, de la galette, un foulard, et, s'imaginant qu'elle
le devinait[71], offrit de la reconduire. Au bord d'[72] un
champ d'avoine, il la renversa brutalement. Elle eut
peur et se mit à[73] crier. Il s'éloigna.

Un autre soir, sur la route de Beaumont[74], elle
voulut dépasser un grand chariot de foin qui avançait
lentement, et en frôlant les roues elle reconnut Théo-
dore.

Il l'aborda[75] d'un air tranquille[76], disant[77] qu'il
fallait tout pardonner, puisque c'était « la faute de la
boisson ».

---

64) **ménétrier**：婚礼や祭りで演奏する村のヴァイオリン弾
き。65) **masse de monde**：「大勢の人々」。66) **à la fois**：「同
時に」。67) **à l'écart**：「離れて」。68) **banneau**：小さな荷車
（＜ banne）。69) **lui**：＝ à Félicité。70) **cidre**：「シードル（発
泡性のりんご酒）」。ノルマンディー地方の気候はぶどう栽培
に適さないため、りんごを原料としたシードルやカルヴァド
ス（蒸留酒）がよく飲まれる。71) **le devinait**：「彼（の気持

— 14 —

第 2 章

ヴァイオリン弾きたちのけたたましい演奏、木々の間に
ちらちらする光、衣装のまちまちな色どり、レース飾り
や金の十字架、そしてこの一斉に飛び跳ねて踊る群衆の
せいである。離れたところに控えめに立っていると、荷
車の梶棒に両肘をついてパイプをふかしていた金持ちら
しき若者がやって来て、彼女をダンスに誘った。彼は
シードルやコーヒー、ガレット、スカーフを買ってやっ
た。そして、彼女が自分の気持ちを察しているものと思
い込み、送っていこうと申し出た。燕麦畑のはずれまで
来たとき、彼は荒々しく彼女を押し倒した。彼女は怖く
なって叫び声をあげた。彼は離れていった。

　またある晩のこと、ボーモンへの街道で、ゆっくり前
を行く干し草を積んだ大きな荷車を追い越そうと、車輪
の脇をすり抜けたとき、彼女はそこにいるテオドールに
気づいた。

　彼は悪びれない様子で話しかけてきて、このあいだの
ことは全部許してもらわなければいけない、あれは「酒
のせい」だったのだから、と言った。

ち、思惑）を察する、見抜く」。72）**Au bord de**：「〜の端で」。
73）**se mettre à + inf**：「〜し始める」。74）**Beaumont**：ポン
＝レヴェックの西へ 6 km にある町。75）**l'aborda**：「（近づ
いて）彼女に話しかけた」。l' = la = Félicité。76）**tran-
quille**：「安らかな、やましくない」。77）**disant**：継起的動
作を表す現在分詞（= Il l'aborda ... et dit ...）。

— 15 —

Chapitre 2

Elle ne sut que répondre[78] et avait envie de[79] s'en-
fuir.

Aussitôt il parla des récoltes et des notables de la
commune, car son père avait abandonné Colleville
pour la ferme des Écots, de sorte que[80] maintenant ils
se trouvaient voisins. — « Ah ! » dit-elle. Il ajouta
qu'on désirait l'établir[81]. Du reste[82], il n'était pas
pressé, et attendait une femme à son goût[83]. Elle
baissa la tête. Alors il lui demanda si elle pensait au
mariage[84]. Elle reprit, en souriant, que c'était mal
de[85] se moquer. — « Mais non[86], je vous jure ! » et
du bras gauche il lui entoura la taille[87] ; elle marchait
soutenue par son étreinte ; ils se ralentirent. Le vent
était mou, les étoiles brillaient, l'énorme charretée de
foin oscillait devant eux ; et les quatre chevaux, en

---

78) **ne savoir que répondre**：「なんと答えていいかわからな
い」。que は疑問代名詞で répondre の目的語。79) **avoir
envie de + inf.**：「～したい」。80) **de sorte que + 直説法**：
「したがって～」。結果節を導く。81) **l'établir**：「わが子の身
を固めさせる（結婚させる）」。l' = le = Théodore。82) **Du
reste**：「しかし、もっとも」（= cependant）。83) **il n'était
pas pressé ... à son goût**：自由間接話法。作中人物の言葉や
考えを表すのに、il dit que、il pense que などの導入節を省略
して独立節の形を与え、間接話法と同じ人称、法、時制を用
いる話法で、会話文を地の文に組み込むことができる。語り

— 16 —

第 2 章

　彼女はどう返事をしてよいかわからず、逃げ出したい気持ちだった。

　するとすかさず、彼は収穫のことや村のお歴々のことを話し出した。というのは、父がコルヴィルを引き払ってレ・ゼコの農場に移ってきたので、今はもうお互い隣人同士というわけなのだ。「まあ！」と彼女は言った。彼は、周囲から身を固めてほしいと言われている、とつけ加えた。しかし、自分は急いでいるわけではないし、好みに合う女を待っている。彼女はうつむいた。すると彼は、結婚する気はないのかと尋ねた。彼女は、ほほえみながら、からかわないで、と答えた。「いやいや、からかってなんかいないさ！」そう言って彼は、左の腕を彼女の腰に回した。彼女はその腕に抱かれて歩いた。ふたりは歩みをゆるめた。風はやわらかく、星は輝き、荷車に積まれた干し草の巨大な山が目の前で揺れていた。 4

手が作中人物の視点に同化しながら、そこに共感やアイロニーを自在に盛り込むことができるため、語りの非人称化を追求したフローベールが好んで用いた話法。attendrait（条件法現在）は過去における未来を表す。à son goût「彼の好みの」。84) **si elle pensait au mariage**：si「〜かどうか」。penser à「〜について考える」。85) **c'est mal de + inf.**：「〜するのはいけないことだ」。86) **Mais non**：mais は non の強調。87) **lui entoura la taille**：lui は la taille の所有者フェリシテをさす。

— 17 —

Chapitre 2

traînant leurs pas, soulevaient de la poussière. Puis,
sans commandement, ils tournèrent à droite. Il l'em-
brassa encore une fois. Elle disparut dans l'ombre.

Théodore, la semaine suivante, en[88] obtint des ren-
5 dez-vous.

Ils se rencontraient au fond des cours, derrière un
mur, sous un arbre isolé. Elle n'était pas innocente à
la manière des demoiselles[89], — les animaux l'avaient
instruite ; — mais la raison et l'instinct de l'honneur
10 l'empêchèrent de faillir[90]. Cette résistance exaspéra
l'amour de Théodore, si bien que[91] pour le[92] satisfaire
(ou naïvement peut-être) il proposa de l'épouser. Elle
hésitait à le[93] croire. Il fit[94] de grands serments.

Bientôt il avoua quelque chose de[95] fâcheux : ses
15 parents[96], l'année dernière, lui avaient acheté un
homme[97] ; mais d'un jour à l'autre[98] on pourrait le
reprendre[99] ; l'idée de servir[100] l'effrayait. Cette

88) **en** : = d'elle。89) **à la manière des demoiselles** : à la
manière de + 名詞「～のような (に)」。demoiselle「(恋愛の
事情に疎い) 良家のお嬢さん」。90) **l'empêchèrent de
faillir** : l' = Félicité。empêcher ~ de + inf.「～が～するのを
妨げる」。faillir「(女性が) 身を過つ」。91) **si bien que** + 直
説法 : 結果を表す。92) **le** : = l'amour。93) **le** : = Théodore。
94) **fit** : faire の単純過去。95) **quelque chose de** + 形容詞の
男性単数形 :「何か～なこと」。96) **ses parents ... l'effrayait** :

第 2 章

頭の馬が足をひきずって、土埃を舞い上げる。やがて、指示もされずに馬は右に曲がった。彼はもう一度彼女を抱いた。彼女は暗がりに姿を消した。

テオドールは翌週、何度か会う約束を取りつけた。

ふたりは中庭の奥や、塀の裏や、離れた木の下で会ったものだ。彼女は良家のお嬢さま方のようにうぶではなかった。——動物たちから教わっていたのである。——しかし、理性と貞操を守る本能とによって身を過たずにすんだ。こうした抵抗がテオドールの恋心をいっそうかき立てた。そこで、その思いを叶えるために（または下心もなくそう思ってか）結婚してほしいと申し出た。彼女はその言葉を信じかねて、ためらった。彼はたいそうな誓いをくり返した。

そのうち彼は、ある厄介なことを打ち明けた。去年は、兵役を免れるため両親が身代わりを雇ってくれた。しかし、近いうちにまたとられるかもしれない。兵役に就くなど考えるだけで怖くてたまらない。この臆病なところ

自由間接話法。il avoua que を補って考える。97）**acheter un homme**：抽選で兵役義務を負った者が、金で身代わりを雇うこと。1798 年、徴兵制が法制化されて 20〜25 歳の男子は皆兵となった。98）**d'un jour à l'autre**：「近いうちに」。99）**reprendre**：「再び雇う（徴兵する）」。100）**servir**：「兵役に就く」。この時期はナポレオン戦争の時代であり、大規模な戦力を必要としていた。

— 19 —

Chapitre 2

couardise fut pour Félicité une preuve de tendresse ;
la sienne[101] en[102] redoubla. Elle s'échappait la nuit, et
parvenue[103] au rendez-vous, Théodore la torturait
avec ses inquiétudes et ses instances.

5　　Enfin, il annonça qu'il irait lui-même à la Préfec-
ture prendre des informations, et les apporterait
dimanche prochain, entre onze heures et minuit.

Le moment arrivé[104], elle courut vers l'amoureux.

A sa place, elle trouva un de ses amis.

10　　Il lui apprit qu'elle ne devait[105] plus le revoir. Pour
se garantir de la conscription[106], Théodore avait
épousé une vieille femme très riche, Mme Lehous-
sais, de Toucques.

Ce fut un chagrin désordonné[107]. Elle se jeta par
15 terre[108], poussa des cris, appela le bon Dieu, et gémit
toute seule[109] dans la campagne jusqu'au soleil levant.
Puis elle revint à la ferme, déclara son intention
d'en[110] partir ; et, au bout du mois[111], ayant reçu ses

---

101)　**la sienne**：= sa tendresse。102) **en**：= à cause de cela。
103) **parvenue**：先立性を示す過去分詞（＜ parvenir）。104)
Le moment arrivé：時を表す絶対分詞構文（= Quand le
moment fut arrivé）。105) **devait + inf.**：「～するに違いない、
～するはずである（確信のある推測）」。106) **se garantir de
la conscription**：結婚した男子は兵役を免除されていた。

— 20 —

第 2 章

もフェリシテにすれば愛情のしるしであり、それゆえに
彼女の愛情はいっそう募るのだった。彼女は夜になると
家を抜け出した。そしてやっと逢い引きの場所まで行く
と、テオドールは自分の心配ごとや願いごとを言いたて
て、彼女をひどく苦しめた。

　ようやく彼は、自分で県庁に行って情報をつかんでく
る、そしてそれを次の日曜日、夜 11 時から 12 時のあい
だに知らせに来よう、と告げた。

　その時が来て、彼女は恋人のもとへ走った。

　彼の代わりにそこにいたのは、友達のひとりだった。

　その友達は、この先もう彼に会うことはないだろうと
伝えた。徴兵から逃れるために、テオドールは、トゥッ
クのルウッセ夫人という大金持ちの年寄りと結婚してし
まったのだ。

　取り乱さんばかりの悲しみだった。地面に身を投げ出
し、叫び、神さまの名を呼び、野原に行って夜明けまで
たったひとりで呻き声をあげた。やがて農場に戻り、こ
こをお暇したいときっぱり告げた。そして、月末に給金

---

107) **désordonné**：「どうにも抑えがたい、ひどく取り乱し
た」（< ordre）。108) **se jeter par terre**：「地面に突っ伏す、
身を投げ出す」。109) **toute seule**：「たったひとりで」。110)
en：= de la ferme。111) **au bout du mois**：「その月の終わり
に」。

— 21 —

Chapitre 2

comptes[112], elle enferma tout son petit bagage dans un mouchoir, et se rendit à[113] Pont-l'Évêque.

Devant l'auberge, elle questionna une bourgeoise en capeline de veuve, et qui précisément cherchait une cuisinière. La jeune fille ne savait pas grand-chose, mais paraissait avoir tant de bonne volonté et si peu d'exigences que[114] Madame Aubain finit par[115] dire :

— « Soit[116], je vous accepte ! »

Félicité, un quart d'heure après, était installée chez elle.

D'abord elle y[117] vécut dans une sorte de[118] tremblement que lui causaient[119] « le genre de la maison » et le souvenir de « Monsieur », planant sur tout ! Paul et Virginie[120], l'un âgé de sept ans, l'autre de quatre à peine[121], lui semblaient formés d'une matière pré-

---

112) **ayant reçu ses comptes**：ayant reçu = après avoir reçu。compte = argent dû。113) **se rendre à**：「～に行く」(= aller à)。114) **tant ... que**：tant (de + 名詞) que ～、si + (副詞、形容詞) + que ～「とても…なので～だ」。La jeune fille ... d'exigences は自由間接話法。Mme Aubain pensait que を補って考える。115) **finir par + inf.**：「ついに～する」。116) **Soit**：[swat]「よろしい、まあいいでしょう」。oui の代わりに譲歩を表す (= bien、bon)。117) **y**：= chez Mme Aubain。118) **une sorte de**：「～のようなもの」。119) **que lui causaient**：主語は le

— 22 —

第 2 章

を受け取ると、わずかな手荷物をスカーフにすっかり包んで、ポン＝レヴェックへ向かって行った。

　町の宿屋の前で、寡婦の黒い頭巾をかぶった奥さまに尋ねると、ちょうど料理女を探しているという。この娘はこれといったことはできまいが、ずいぶんとやる気はありそうだし、給金もそんなに要求しそうにない。しまいにオバン夫人はこう言った。

　「まあいいわ、うちへいらっしゃい！」

　フェリシテは、15 分後には、もう夫人の家に身を落ち着けていた。

　初めのうち、「当家の流儀」やら、至るところに漂っている「旦那さま」の思い出やらに、怖気づいておどおどと過ごした。ポールとヴィルジニーという、7 歳の男の子と、4 歳になったばかりの女の子は、なにか貴い素材で作られているように思われた。彼女は馬になって彼

---

genre ... sur tout！まで。関係代名詞の後ろで主語名詞が長い場合は倒置される。120) **Paul et Virginie**：19 世紀のロマン主義世代に絶大な影響を与えたベルナルダン・ド・サン＝ピエールの小説『ポールとヴィルジニー』（1788 年）の主人公の名前。ヴィルジニーの年齢や彼女のたどる短い生涯には、フローベールの 3 歳年下の妹カロリーヌ（1824 年生まれ、22 歳で死去）の思い出が重ねられている。121) **à peine**：「（数詞と共に）せいぜい」。

— 23 —

Chapitre 2

cieuse[122] ; elle les portait sur son dos comme un
cheval, et Mme Aubain lui défendit de les baiser à
chaque minute, ce qui la mortifia[123]. Cependant elle
se trouvait[124] heureuse. La douceur du milieu avait
5 fondu[125] sa tristesse.

Tous les jeudis, des habitués venaient faire une par-
tie de[126] boston[127]. Félicité préparait d'avance les
cartes et les chaufferettes[128]. Ils arrivaient à huit
heures bien juste[129], et se retiraient avant le coup de
10 onze.

Chaque lundi matin, le brocanteur qui logeait sous
l'allée étalait par terre ses ferrailles. Puis la ville se
remplissait d'un bourdonnement de voix, où se
mêlaient[130] des hennissements de chevaux, des bêle-
15 ments d'agneaux, des grognements de cochons, avec
le bruit sec des carrioles[131] dans la rue. Vers midi, au
plus fort du[132] marché, on voyait paraître sur le seuil

---

122) **matière précieuse**：「貴重な物質」。cf. pierre précieuse
「宝石」。123) **ce qui la mortifia**：la = Félicité。ce + 関係代
名詞は前文の同格。ここでは qui が主格なので、前文を受け
て「そのことが～だ」。ex. Il a réussi à son examen, ce qui m'a
beaucoup étonné. 「彼が試験に合格した、それは大変な驚き
だった」。124) **se trouver**：「自分を～と感じる」。125) **avait
fondu**：前文の原因を説明する大過去 (fondu < fondre)。
126) **faire une partie de**：「～ の勝負（競技）をする」。

— 24 —

第 2 章

らを背中に乗せてやった。一方、オバン夫人は、ことあるごとに子供たちにキスするのはやめなさいという。そのことが彼女を傷つけた。とはいえ、彼女は幸せだった。この平穏な環境が、これまでの悲しみをやわらげてくれたのだった。

毎週木曜日、常連たちがボストンの勝負をしにやって来た。フェリシテは前もってトランプと足温器を準備しておく。彼らは8時ぴったりにやってきて、時計が11時を打つ前に帰っていった。

月曜の朝ごと、路地奥に仮住まいする古道具屋が地面に金物を並べた。それから町は人々のざわめきに満たされ、馬のいななき、子羊の鳴き声、豚のうなり声などが入り混じるなか、通りには小さな二輪馬車の乾いた音が響いている。昼頃、市場の書き入れ時になると、家の戸

---

127) **boston**：アメリカの独立戦争の頃ボストンで考案された52枚のトランプで遊ぶゲーム。128) **chaufferette**：「足温器」。石炭の熾を入れた金属製の小箱の上に足を置いて温める。129) **bien juste**：「きっかりに、ぎりぎりに」。130) **où se mêlaient**：主語と動詞の倒置。des hennissements ... cochons までが主語。131) **carriole**：「(田舎の) 二輪馬車」。132) **au plus fort de**：「～の真っ最中に、真っ盛りに」(= au fort de)。

— 25 —

Chapitre 2

un vieux paysan de haute taille, la casquette en
arrière, le nez crochu, et qui était Robelin, le fermier
de Geffosses. Peu de temps après, — c'était Liébard,
le fermier de Toucques, petit, rouge, obèse, portant
une veste grise et des houseaux[133] armés d'[134] épe-
rons.

Tous deux[135] offraient à leur propriétaire des poules
ou des fromages. Félicité invariablement déjouait
leurs astuces ; et ils s'en allaient[136] pleins de considé-
ration pour elle.

A des époques indéterminées, Mme Aubain rece-
vait la visite du marquis de Gremanville[137], un de ses
oncles, ruiné par la crapule[138] et qui vivait à Falaise[139]
sur le dernier lopin de ses terres. Il se présentait
toujours à l'heure du déjeuner, avec un affreux
caniche dont les pattes salissaient tous les meubles.
Malgré ses efforts pour paraître gentilhomme jusqu'à
soulever son chapeau chaque fois qu'il disait :
« Feu[140] mon père », l'habitude l'entraînant[141], il se

---

133) **houseaux**：脛を包む布または革製のゲートル。
134) **armé de**：「〜を備えた」。135) **Tous deux**：= Tous les
deux。136) **s'en aller**：「立ち去る」。137) **Grémanville**：フ
ローベールの曾祖伯父で、ノルマンディーの会計検査官、ポ
ン＝レヴェック郡長を務めた Charles-François Fouet de

第 2 章

口に、ハンチングをあみだにかぶった、かぎ鼻で背の高
い老農夫が姿を見せた。——この人がジェフォスの小作
人ロブランだった。まもなく、今度はトゥックの小作人
リエバールである。小柄で赤ら顔のやたら太った男で、
灰色の上着を着て、拍車のついたゲートルをはいていた。

　ふたり共、地主のオバン夫人に雌鶏だのチーズだのを
持ってきたのだ。フェリシテはいつも必ず、彼らの弄す
る手練手管を見破ってしまう。そこで彼らは、彼女にすっ
かり降参して立ち去るのだった。

　決まっていつ来るというのではないが、オバン夫人は
グルマンヴィル侯爵の訪問を受けた。おじのひとりで、
放蕩の末に破産し、ファレーズで、最後に残った猫の額
ほどの土地に暮らしている。彼はいつも昼時に現れた。
醜いプードルを連れてくるのだが、その脚がそこらじゅ
うの家具を汚した。なんとか貴族らしくみせようとして、
「亡き父上」と言うたびに帽子をちょっと持ち上げるし
ぐさまでするのだが、習慣には逆らえず、手酌で飲み続

Crémanville がモデル。138）**crapule**：「（古）放蕩、暴飲」。
139）**Falaise**：カルヴァドス県の郡庁所在地。断層崖による
絶壁（falaise）があった。140）**Feu**：「（最近死んだ人をさし
て）亡き、故」。141）**l'habitude l'entraînant**：「習慣が彼を
引きずるので」。原因を表す絶対分詞構文。

— 27 —

Chapitre 2

versait à boire[142] coup sur coup[143], et lâchait des
gaillardises. Félicité le poussait dehors poliment :
« Vous en avez assez[144], monsieur de Gremanville !
A une autre fois ! » Et elle refermait la porte.

Elle l'ouvrait avec plaisir[145] devant M. Bourais,
ancien avoué[146]. Sa cravate blanche et sa calvitie, le
jabot de sa chemise, son ample redingote brune, sa
façon de priser[147] en arrondissant le bras, tout son
individu lui produisait ce trouble où nous jette[148] le
spectacle des hommes extraordinaires.

Comme il gérait les propriétés de « Madame », il
s'enfermait avec elle pendant des heures dans le
cabinet de « Monsieur », et craignait toujours de se
compromettre, respectait infiniment la magistrature,
avait des prétentions au[149] latin.

---

142) **se verser à boire** : = se verser quelque chose à boire 「飲
み物を自分に注ぐ」。143) **coup sur coup** :「次々に、続けざ
まに」(= l'un(e) après l'autre)。144) **Vous en avez assez** : =
Vous avez assez de boisson。145) **avec plaisir** :「喜んで」。
146) **avoué** : 当事者に代わり訴訟手続きの進行を担当する裁
判所付属吏（旧体制下の procureur)。2012 年、弁護士に統合
されて廃止された。147) **priser** : = priser du tabac 「嗅ぎ煙
草をかぐ」。148) **où nous jette ...** : 主語は le spectacle 以下

第 2 章

け、卑猥な言葉を吐いた。フェリシテは彼を丁重に外に
押し出して、「もう十分お召しあがりになりましたね、
グルマンヴィルの旦那さま！　また今度！」と言って、
扉を閉めてしまうのだった。

　その扉を彼女は、元代訴人のブレ氏の前では喜んで開
けた。白いネクタイと禿げ頭、シャツの胸飾り、だぶだ
ぶの茶色いフロックコート、鼻の前で腕をことさら曲げ
て嗅ぎ煙草をかぐしぐさ。そうしたこの人物のすべてが、
並外れた人間を見たときに感じるあの居心地の悪さを、
彼女に感じさせるのだった。

　彼は「奥さま」の土地を管理していたので、夫人と何
時間も「旦那さま」の書斎に閉じこもることがあった。
そして自分の評判に傷がつくことを絶えず恐れ、司法官
にはどこまでも恭しく振る舞い、ラテン語ができるとい
うので得意になっていた。

で倒置。こうした普遍的な内容の文で nous（on に対する目
的補語）を用いる場合は、話し手を中心にしている。聞き手
（読者）を中心にする場合は vous を用いる。149）**avoir des
prétentions à**：「〜を自負する、〜についてうぬぼれる」。教
養を鼻にかけ、権威に迎合するブレの人物像は、『ボヴァリー
夫人』の薬剤師オメーと重なる。両者共にブルジョワの俗悪
さを体現している。

Chapitre 2

Pour instruire les enfants d'une manière agréable, il leur fit cadeau d'[150] une géographie en estampes[151]. Elles représentaient différentes scènes du monde, des anthropophages coiffés de plumes, un singe enlevant une demoiselle, des Bédouins[152] dans le désert, une baleine qu'on harponnait, etc.

Paul donna l'explication de ces gravures à Félicité. Ce fut même[153] toute son éducation littéraire[154].

Celle[155] des enfants était faite par Guyot, un pauvre diable[156] employé à la Mairie, fameux pour sa belle main[157], et qui repassait son canif sur sa botte.

Quand le temps était clair, on s'en allait[158] de bonne heure[159] à la ferme de Geffosses.

La cour est[160] en pente, la maison[161] dans le milieu ; et la mer, au loin, apparaît comme une tache grise.

Félicité retirait de son cabas des tranches de viande froide, et on déjeunait dans un appartement faisant

---

150) **faire cadeau de qc. à qn.** :「〜に〜を贈る」。151) **géographie en estampes** ：世界各地の珍しい風物を紹介した版画グラビア入りの地理の本。152) **Bédouins** ：アラビア半島や北アフリカの砂漠に住むアラブの遊牧民。153) **même** ：強調の副詞。154) **éducation littéraire** ：「文字教育」（< lettre「文字」）。フェリシテは analphabète（「読み書きのできない

第 2 章

　ブレは、子供たちを楽しく学ばせようと、絵入りの地理の本をプレゼントした。その絵には、頭に羽根飾りをつけた人食い人種や、娘をさらってゆく猿、砂漠に住むベドウィン族、銛を打ち込まれたクジラといった、世界のいろいろな情景が描かれていた。

　ポールは、こういった挿絵の説明をフェリシテにしてやった。これが、彼女の受けた文字教育のすべてでもあった。

　子供たちの教育はギュイヨが担当した。町役場に雇われているしがない男で、字がうまいのが評判だが、長靴でナイフを研いだりする。

　晴れた日には、いつも朝早くからみんなでジェフォスの農場に出かけた。

　農場の庭は斜面になっており、その真ん中に家屋がある。海が遠くに、灰色のしみのように見えていた。

　フェリシテはかごの中から冷肉の薄切りを取り出し、みんなは乳搾り場に隣接する家屋で昼食をとった。そこ

人 」）で あ る。155) **Celle**：= l'éducation。156) **un pauvre diable**：「貧乏な人、みじめな人」（= un homme qui est dans la misère）。157) **belle main**：「美しい筆跡」（= belle écriture）。158) **était、s'en allait**：過去の習慣・反復的行為を示す半過去（〜のたびに〜したものだった）。159) **de bonne heure**：「朝早く」。160) **est**：次の apparaît と共に事物の永続性を表す現在形。161) **la maison**：次に est を補って考える。

— 31 —

Chapitre 2

suite à[162] la laiterie. Il était le seul reste d'une habitation de plaisance[163], maintenant disparue. Le papier de la muraille, en lambeaux, tremblait aux courants d'air. Mme Aubain penchait son front, accablée de
5 souvenirs ; les enfants n'osaient plus parler. « Mais jouez donc[164]! » disait-elle ; ils décampaient.

Paul montait dans la grange, attrapait des oiseaux, faisait des ricochets sur la mare, ou tapait avec un bâton les grosses futailles qui résonnaient comme des
10 tambours.

Virginie donnait à manger aux[165] lapins, se précipitait pour cueillir des bluets, et la rapidité de ses jambes découvrait ses petits pantalons[166] brodés.

Un soir d'automne, on s'en retourna[167] par les her-
15 bages.

La lune à son premier quartier[168] éclairait une partie du ciel, et un brouillard flottait comme une écharpe sur les sinuosités de la Toucques[169]. Des

---

162) **faire suite à**：「～ に 続 く 」。163) **habitation de plai-sance**：「 田 舎 の 別 荘 」(= maison de campagne)。164) **donc**：発音は [dɔ̃]。節の初めと母音の前では [dɔ̃:k]。165) **donner à manger à**：「～ に 食 べ 物 を 与 え る 」(= donner quelque chose à manger à ~)。166) **pantalons**：ここはズボンではなく、女性用のすそ飾りのついた下ばき。167) **s'en**

第 2 章

は、今では跡形もない別荘のたったひとつの名残だった。
びりびりに破れた壁紙がすきま風に震えている。オバン
夫人は、思い出にうちひしがれて、うつむいていた。子
供たちはもうおしゃべりをする気になれない。「いいか
ら、遊んでいらっしゃい！」と夫人が言う。ふたりはさっ
と駆け出していくのだった。

　ポールは納屋に上がり、鳥をつかまえ、沼で水切りを
した。また、棒切れで大きな樽をたたいて回ると、樽は
太鼓のように鳴り響いた。

　ヴィルジニーはうさぎに餌をやったり、走っていって
矢車菊を摘んだりした。すばしっこく走ると、刺繍入り
の小さな下ばきがちらちら見えた。

　秋のある夕暮れ、みんなは牧草地を抜けて家路につい
た。

　上弦の月が空の一部を照らし、霧がまるでスカーフの
ように、蛇行するトゥック川の上に漂っていた。何頭か

---

retourner：「引き返す、帰る」（= s'en aller）。168) **La lune
à son premier (dernier) quartier**：「上（下）弦の月」。169)
la Toucques (Touques)：オージュ（Auge）地方の谷間を縫っ
て流れ、トゥルーヴィル（Trouville）で英仏海峡（la Manche）
に注ぐ川。小説にある町ではリジュー、ポン゠レヴェック、
ドーヴィルを通って流れる。

Chapitre 2

bœufs[170], étendus au milieu du gazon, regardaient[171] tranquillement ces quatre personnes passer. Dans la troisième pâture quelques-uns se levèrent, puis se mirent en rond[172] devant elles[173]. — « Ne craignez
5 rien ! » dit Félicité ; et, murmurant une sorte de complainte[174], elle flatta sur l'échine, celui[175] qui se trouvait le plus près[176] ; il fit volte-face, les autres l'imitèrent. Mais quand l'herbage suivant fut traversé, un beuglement formidable s'éleva. C'était un taureau,
10 que cachait le brouillard[177]. Il avança vers les deux femmes. Mme Aubain allait[178] courir. — « Non ! non ! moins vite ! » Elles pressaient le pas cependant, et entendaient par-derrière un souffle sonore qui se rapprochait. Ses sabots, comme des marteaux, bat-
15 taient l'herbe de la prairie ; voilà qu'[179] il galopait maintenant ! Félicité se retourna, et elle arrachait à deux mains des plaques de terre qu'elle lui[180] jetait

---

170) **bœufs** : [bø]。単数形 bœuf は [bœf]。牛の総称、とくに去勢した雄牛。雌牛は vache。171) **regarder qn./qc. + inf.** :「～が～しているのを眺める」。172) **en rond** :「円形に、まるくなって」(= en formant un cercle)。173) **elles** : = ces quatre personnes。174) **complainte** :「哀歌、嘆き歌」(< plaindre)。175) **celui** : = bœuf。176) **le plus près** :「一番近くに」。177) **que cachait le brouillard** : 主語と動詞の倒置。

— 34 —

第 2 章

の牛が、芝地の真ん中にねそべって、この 4 人が通り過ぎるのを静かに眺めていた。3 番目の放牧場まで来ると、そのうち数頭が起き上がり、彼らの行く手に輪になって立ちはだかった。「ちっとも怖くありませんよ！」とフェリシテは言った。そして、哀しげな民謡のようなものを口ずさみながら、一番手前にいる牛の背中をさすってやった。すると牛はくるりと方向転換し、ほかの牛もそれに従った。しかし、次の牧草地を横切るとき、恐ろしいうなり声が聞こえた。霧に隠れて見えなかった 1 頭の雄牛だった。牛はふたりの女の方へ向かってきた。オバン夫人は駆け出そうとした。「いけません！　いけません！　もっとゆっくり！」そう言いつつもふたりは足を速めてしまい、背後には、荒い鼻息が迫っているのが聞こえる。ひづめがまるでハンマーのように牧場の草を打ちつける。ついに牛が駆け出した！　フェリシテは振り返り、両手で土のうわべをはぎ取っては、その目めがけて

────────────────────────

taureau は去勢していない雄牛。178) **allait**：aller + inf.「〜しようとしている」。aller が直説法現在または半過去の場合は近接未来を表す。以下は絵画的半過去。通常、継起する行為は単純過去で示すが、半過去を用いることで、一連の行為をあたかも読み手の眼前で繰り広げられる一幅の絵画のように描く。179) **voilà que**：「(事態の変化を示して) ほら〜だ、いまや〜だ」。突発的な出来事や新しい状況を提示する。180) **lui**：les yeux の所有者雄牛をさす。

— 35 —

Chapitre 2

dans les yeux. Il baissait le mufle, secouait les cornes et tremblait de fureur en beuglant horriblement. Mme Aubain, au bout de l'herbage avec ses deux petits, cherchait éperdue comment franchir le haut bord.

5 Félicité reculait toujours devant le taureau, et continuellement lançait des mottes de gazon qui l'aveuglaient, tandis qu'[181] elle criait : — « Dépêchez-vous ! dépêchez-vous ! »

Mme Aubain descendit le fossé, poussa Virginie, 10 Paul ensuite, tomba plusieurs fois en tâchant de gravir le talus, et à force de[182] courage y parvint[183].

Le taureau avait acculé Félicité contre une claire-voie ; sa bave lui[184] rejaillissait à la figure, une seconde de plus il l'éventrait[185]. Elle eut le temps 15 de[186] se couler entre deux barreaux, et la grosse bête, toute surprise, s'arrêta.

Cet événement, pendant bien des[187] années, fut un sujet de conversation à Pont-l'Évêque. Félicité n'en

---

181) **tandis que** :「〜するあいだに」（同時性）。182) **à force de** + 無冠詞名詞 :「〜の力で、〜のおかげで」。183) **y par-vint** : y = au talus。parvenir à「〜に達する、たどり着く」。184) **lui** : la figure の所有者フェリシテをさす。185) **éven-trait** : 通常は une seconde de plus（「あと一瞬遅かったら」）

— 36 —

第 2 章

て投げつけた。牛は鼻づらを下げ、角を振り立て、恐ろ
しいうなり声をあげて怒りに体を震わせた。オバン夫人
は、ふたりの子供を連れて牧草地のはずれまで来て、こ
の高いへりをどう乗り越えようかと死に物狂いで考えた。
フェリシテは雄牛を前にしたまま後ずさりし、続けざま
に土のついた芝の塊を目つぶしに投げつけては、その
あいだにも叫び続けた。「急いで！　急いで！」

　オバン夫人は溝に降りて、まずヴィルジニーを、続い
てポールを押し上げ、土手をよじ登ろうとして何度もこ
ろがり落ちたが、勇気を出してどうにかこうにか登り
切った。

　雄牛はフェリシテを柵のところまで追いつめていた。
牛のよだれが彼女の顔にはねかかり、あと一瞬で相手は
彼女を突き殺すところだった。とっさに、彼女は柵のあ
いだに滑り込んだ。大きな獣は、不意を突かれて立ち止
まった。

　この出来事は、その後何年ものあいだ、ポン＝レヴェッ
クで人の口にのぼった。フェリシテは、そのことを鼻に

が条件節となって、条件法現在（éventrerait）になるところだ
が、ここでは行為の実現がより確実であったことを強調する
ために半過去が用いられている。186) **avoir le temps
de + inf.**：「〜する時間がある」。187) **bien des + 可算名詞**：
「多くの」。

— 37 —

Chapitre 2

tira aucun orgueil[188], ne se doutant même pas qu'[189] elle eût rien[190] fait d'héroïque.

Virginie l'occupait exclusivement ; — car elle eut, à la suite de[191] son effroi, une affection[192] nerveuse,
5 et M. Poupart, le docteur, conseilla les bains de mer de Trouville[193].

Dans ce temps-là, ils[194] n'étaient pas fréquentés. Mme Aubain prit des renseignements, consulta Bourais, fit des préparatifs comme pour un long voyage.

10 Ses colis partirent la veille[195], dans la charrette de Liébard. Le lendemain, il amena deux chevaux dont l'un avait une selle de femme, munie d'un dossier[196] de velours ; et sur la croupe du second un manteau roulé formait une manière de siège. Mme Aubain y
15 monta, derrière lui. Félicité se chargea de[197] Virginie,

---

188) **n'en tira aucun orgueil**：tirer orgueil de「～を自慢する」。en = de cet événement。189) **se douter que** + 直説法(または条件法)：「～を予想する、～だと思う」。ここでは過去における過去を表す接続法大過去(eût fait)が用いられている。ex. Je ne savais pas qu'il fût venu.「彼が来たとは知らなかった」。190) **rien**：= quelque chose。否定の意味を含む表現の中で用いられる。191) **à la suite de**：「～の後で、～の結果」(= après、à cause de)。192) **affection**：= maladie。193) **Trouville**：ポン＝レヴェックから 12km の英仏海峡に面した、トゥック川河口にある海水浴場。現在の Trouville-sur-

— 38 —

第 2 章

かけることは一切なかったし、なにか英雄的なことをし
たなどとは思いもしなかった。

　ヴィルジニーのことでフェリシテの頭はいっぱいだっ
た。——というのも、恐ろしい目にあって以来、彼女は
神経の病にかかってしまったのだ。そこで医者のププー
ル氏は、トゥルーヴィルの海水浴を勧めた。

　当時、その海水浴場にはあまり人が行かなかった。オ
バン夫人はいろいろと調べ、ブレ氏に相談し、長旅にで
も出るかのように準備をした。

　荷物は前日、リエバールの荷馬車で発送した。翌日、
彼は 2 頭の馬を引いてきた。1 頭には、ビロードの背も
たれのついた婦人用の鞍があった。もう 1 頭の尻には、
丸めたコートが腰掛けのようにしつらえてあった。オバ
ン夫人はリエバールの後ろのその場所に乗った。フェリ
シテはヴィルジニーを引き受けた。そしてポールは、大

Mer。この当時はまだ小さな漁港で、フローベールは幼少期
に家族とよく訪れた。ここで彼は 1836 年、15 歳の時にエリ
ザ・シュレザンジェ（『感情教育』の女主人公アルヌー夫人
のモデル）と出会った。鉄道の敷設により第二帝政期にリ
ゾート地として発展する以前、トゥルーヴィルの海水浴は主
に療養目的で行われていた。194) **ils**：= les bains de mer de
Trouville。195) **la veille**：「前日」。対義語は次の le lende-
main「翌日」。196) **dossier**：「背もたれ」（< dos）。197) **se
charger de**：「～を引き受ける、～の責任を負う」。

— 39 —

Chapitre 2

et Paul enfourcha l'âne de M. Lechaptois, prêté sous
la condition d' [198] en avoir grand soin[199].

La route était si mauvaise que ses huit kilomètres
exigèrent deux heures. Les chevaux enfonçaient
jusqu'aux paturons dans la boue, et faisaient pour
en[200] sortir de brusques mouvements des hanches ;
ou bien[201] ils butaient contre les ornières ; d'autre
fois, il leur fallait[202] sauter. La jument[203] de Liébard,
à de certains[204] endroits s'arrêtait tout à coup[205]. Il
attendait patiemment qu'elle se remît en marche[206] ;
et il parlait des personnes dont les propriétés bor-
daient la route, ajoutant à leur histoire des réflexions
morales. Ainsi, au milieu de[207] Toucques[208], comme
on passait sous des fenêtres entourées de capu-
cines[209], il dit, avec un haussement d'épaules :

— « En[210] voilà une, Mme Lehoussais, qui au lieu
de prendre[211] un jeune homme... » Félicité n'entendit
pas le reste ; les chevaux trottaient, l'âne galopait ;
tous[212] enfilèrent un sentier, une barrière tourna,

---

198) **sous la condition de + inf.**：「～という条件付きで」。
199) **en avoir grand soin**：en = de l'âne。avoir soin de「～
に気を配る」。200) **en**：= de la boue。201) **ou bien**：= ou。
202) **il leur fallait**：leur は間接目的語で彼ら一行をさす。
203) **jument**：「雌馬」（↔ cheval「雄馬」）。204) **de certains**

— 40 —

第 2 章

事に世話をするという条件で借りたルシャプトワさんの
ロバにまたがった。

　道がひどく悪かったので、8 km を行くのに 2 時間も
かかった。馬はくるぶしまでぬかるみにはまり込み、抜
け出そうとして荒々しく腰を振った。また轍（わだち）につまずく
こともあった。ときには跳び越えなくてはならなかった。
リエバールの雌馬はところどころで急に立ち止まった。彼
は馬が歩き出すのを辛抱強く待った。そして道沿いに土
地を持つ地主たちのことを話し、その話に教訓的な見解
をつけ加えるのだった。こうしてトゥックの町の真ん中、
金蓮花に囲まれた窓の下を通り過ぎるとき、彼は肩をす
くめて言った。

　「ほら、これがルウッセ夫人といいましてね、若い男
と結婚するでもなく…」フェリシテにはあとは聞こえな
かった。馬は速足で、ロバは駆け足で進んでいった。一

＋複数名詞：「いくつかの〜」。205) **tout à coup**：「突然」。
206) **se remettre en marche**：「再び歩き（動き）始める」。
remît は接続法半過去（attendre que ＋接続法）。207) **au
milieu de**：「〜の真ん中で」。208) **Touncques**：ここでは
トゥック川に面した町の名前。ポン＝レヴェックから 8 km。
209) **capucines**：花の形がカプチン会修道士（capucin）のか
ぶるフードに似ている。210) **En**：＝ personnes dont les pro-
priétés bordaient la route。211) **au lieu de prendre**：au lieu
de ＋ inf.「〜する代わり、〜せずに」。prendre ＝ épouser。
212) **tous**：代名詞の場合の発音は [tus]。

— 41 —

Chapitre 2

deux garçons parurent, et l'on[213] descendit devant le purin, sur le seuil même de la porte.

La mère Liébard[214], en apercevant sa maîtresse[215], prodigua les démonstrations de joie. Elle lui servit un déjeuner où il y avait un aloyau, des tripes, du boudin, une fricassée de poulet, du cidre mousseux, une tarte aux compotes et des prunes à l'eau-de-vie, accompagnant le tout de[216] politesses à Madame qui paraissait en meilleure santé, à Mademoiselle devenue « magnifique », à M. Paul singulièrement « forci »[217], sans oublier leurs grands-parents défunts que les Liébard[218] avaient connus, étant au service de[219] la famille depuis plusieurs générations. La ferme avait, comme eux, un caractère d'ancienneté. Les poutrelles du plafond étaient vermoulues, les murailles noires de[220] fumée, les carreaux gris de poussière. Un dressoir en chêne supportait toutes sortes d'ustensiles, des brocs, des assiettes, des

---

213) **l'on** :「一行全員」。et、ou、que、si などのあとでは母音衝突を避けるため l' をつけることが多い。214) **La mère Liébard** :「リエバールのおかみさん」。mère は庶民階級の年配の女性に対する呼称。215) **sa maîtresse** : = Mme Aubain。216) **accompagner ~ de ...** :「~に…をつけ加える、添える」。

— 42 —

第 2 章

行が小道を入ると、柵があき、少年がふたり現れた。そ
して肥溜の前で馬を降りると、そこはちょうど家の戸口
のところだった。

　リエバールのおかみさんは女主人の姿が目に入ると、
やたらに喜びを表してみせた。彼女は女主人に昼食をふ
るまった。牛の腰肉、臓物、腸詰め、チキンフリカッセ、
シードル、シロップ煮果物のタルト、ブランデー漬けプ
ラム、そうした料理の合間に、いちいちおかみさんのお
愛想がはさまれる。奥さまはますますお達者そうにお見
受けしますし、お嬢さまは「とびきりお美しく」、ポー
ルさまはたいそう「お丈夫に」なられた。リエバール家
の者たちならよく存じあげている、今は亡きおじい様お
ばあ様のことも言い忘れない。なにしろ何代にもわたっ
てお仕えしてきたのだから。その農家は、住む人々と同
じように、古めかしい趣きがあった。天井の梁は虫に食
われ、壁は煙で黒ずみ、窓ガラスは埃で灰色だった。樫
の食器戸棚には、水差し、皿、錫の鉢、狼用の罠、羊の

───────────────────────────

料理をひと品出すたびに、いちいち女主人のご機嫌をとる迎
合的な様子が描かれている。217) **forci**：forcir「（子供が）丈
夫になる、たくましくなる」の過去分詞（＜ fort）。218) **les
Liébard**：「リエバール家の人々」。219) **être au service
de**：「～に仕えている」。220) **noir de**：「～で黒くなった」。

— 43 —

Chapitre 2

écuelles d'étain, des pièges à loup, des forces pour les
moutons ; une seringue énorme fit rire les enfants.
Pas un arbre des trois cours qui n'eût[221] des champi-
gnons à sa base, ou dans ses rameaux une touffe de
gui. Le vent en[222] avait jeté bas[223] plusieurs. Ils
avaient repris par le milieu[224] ; et tous fléchissaient
sous la quantité de leurs pommes. Les toits de paille,
pareils à du velours brun et inégaux d'épaisseur,
résistaient aux plus fortes[225] bourrasques. Cependant
la charreterie tombait en ruine[226]. Mme Aubain dit
qu'elle aviserait[227], et commanda de reharnacher les
bêtes.

On fut[228] encore une demi-heure avant d'atteindre
Trouville. La petite caravane mit pied à terre[229] pour
passer les *Écores*[230] ; c'était une falaise surplombant
des bateaux ; et trois minutes plus tard, au bout du

---

221) **Pas un ... qui n'eût ~** :「～を持たないような…はひと
つもない」。eût は avoir の接続法半過去。主節が否定のとき、
関係節の ne は単独で否定を表す。222) **en** : arbres をさす。
223) **jeter bas** :「打ち倒す、押し倒す」。224) **repris par le
milieu** : reprendre「(自動詞で) 植物が根づく」(= prendre
racine à nouveau)。par le milieu「中ほどで」。225) **aux plus
fortes** : résister à (「～に耐える」) と最上級の定冠詞 les の縮
約。ここは譲歩の意味。226) **Cependant ... en ruine** : 女主

— 44 —

第2章

毛を刈る大鋏など、あらゆる種類の道具が載せてある。
ばかでかい浣腸器があって子供たちを笑わせた。三つの
中庭のどの木にも、根元にキノコが生えていたり、小枝
にヤドリギが寄生していたりした。風のせいで何本かの
木が倒されていた。それらの中ほどから新しく根が出て
いた。どの木もたくさんのリンゴの重みでたわんでいる。
わらぶき屋根は、褐色のビロードのようになめらかで、
厚さはふぞろいだが、どんな突風にも耐えることができ
た。そうはいっても、荷車小屋は崩れかけている。オバ
ン夫人は、なんとかしましょうと言い、それからまた馬
の準備をするよう命じた。

　トゥルーヴィルに到着するには、さらに半時間かかっ
た。この小さな隊列は、「断崖」を通るために馬から降
りた。それは船を真下に見下ろす絶壁だった。それから
数分もすると、波止場のはずれにある、ダヴィッドのお

人に修理を懇願するリエバールのおかみさんの発話内容とす
れば、自由間接話法とも考えられる。227) **aviserait**：過去
における未来を示す条件法現在。228) **On fut**：être は単純
過去（または複合過去）で aller の意味となる。ex. J'ai été à
Paris l'été dernier.「去年の夏パリに行った」。229) **mettre
pied à terre**：「（馬・乗り物から）降りる」。230) *Écores*：
「（古）海岸の断崖」（= accore）。かつてトゥルーヴィルの入
口付近にあった海岸沿いの崖。

— 45 —

Chapitre 2

quai, on entra dans la cour de *l'Agneau d'or*[231], chez
la mère David.

Virginie, dès les premiers jours, se sentit moins
faible, résultat[232] du changement d'air[233] et de l'action
des bains. Elle les[234] prenait en chemise, à défaut
d'[235] un costume ; et sa bonne[236] la rhabillait dans
une cabane de douanier qui servait aux baigneurs.

L'après-midi, on s'en allait avec l'âne au-delà des
Roches-Noires[237], du côté d'[238] Hennequeville[239]. Le
sentier, d'abord, montait entre des terrains vallonnés
comme la pelouse d'un parc, puis arrivait sur un pla-
teau où alternaient des pâturages et des champs en
labour. A la lisière du chemin, dans le fouillis des
ronces, des houx se dressaient ; çà et là, un grand
arbre mort faisait sur l'air bleu des zigzags avec ses
branches.

---

231) *l'Agneau d'or* : フローベールがトゥルーヴィルで実際
に家族と泊まった宿屋の名前。ダヴィッドのおかみさんは実
在の経営者。232) **résultat ...** : 前の節と同格に置かれている。
c'était を補って考える。233) **changement d'air** :「転地（療
養）」。234) **les** : = les bains。235) **à défaut de** :「～がないの
で、～の代わりに」。236) **bonne** :「女中」。237) **Roches-
Noires** : トゥルーヴィル北東の地域には、マンガンを含む黒

— 46 —

第2章

かみさんが営む宿屋「金の子羊」の中庭に入った。

　ヴィルジニーは数日もすると、転地と海水浴の効き目があって、少しずつ元気になってきた。水着がないのでシャツのまま海に入った。そして海水浴客のために使われる税関吏小屋で、フェリシテが着替えをしてやった。

　午後になると、みんなでロバを連れてロシュ＝ノワールの先、エヌクヴィルの方まで出かけた。小道は初め、公園の芝生のような、起伏の多い土地のあいだをのぼり、やがて牧場と耕地が交互にあらわれる高台に至る。道端のキイチゴの茂みにヒイラギが立っている。あちらこちらで、落葉した大木が、青空を背に枝でジグザグ模様を描いていた。

い岩が散在する。1866年開業の第二帝政様式の同名のホテルがあり、クロード・モネの『トゥルーヴィル海岸（オテル・デ・ロシュ＝ノワール）』（1870）に描かれた。238) **du côté de**：「〜の方へ」。ex. プルースト『スワン家の方へ』（*Du côté de chez Swann*）。239) **Hennequeville**：トゥルーヴィルからオンフルールの方角へ2kmにある村。

— 47 —

Chapitre 2

Presque toujours on se reposait dans un pré, ayant Deauville[240]) à gauche, Le Havre[241]) à droite et en face[242]) la pleine mer. Elle était brillante de soleil, lisse comme un miroir, tellement douce qu'[243]) on
5 entendait à peine[244]) son murmure ; des moineaux cachés pépiaient, et la voûte[245]) immense du ciel recouvrait tout cela. Mme Aubain, assise, travaillait à[246]) son ouvrage de couture ; Virginie près d'elle tressait des joncs ; Félicité sarclait des fleurs de
10 lavande ; Paul, qui s'ennuyait, voulait partir.

D'autres fois[247]), ayant passé la Toucques en bateau, ils cherchaient des coquilles. La marée basse[248]) laissait à découvert[249]) des oursins, des godefiches[250]), des méduses ; et les enfants couraient, pour saisir des
15 flocons d'écume que le vent emportait. Les flots endormis, en tombant sur le sable se déroulaient le long de[251]) la grève ; elle[252]) s'étendait à perte de vue[253]), mais du côté de la terre avait pour limite les

---

240) **Deauville**：トゥック河口の南、トゥルーヴィルの対岸にある町。ナポレオン三世の異父弟モルニー公爵（1811～65）によって、1860年代に高級リゾート地として開発された。別荘や競馬場が作られ、パリと結ぶ鉄道が敷かれたことで、上流階級の人々がバカンスに訪れた。241) **Le Havre**：セーヌ河口に近く、英仏海峡に臨む港湾都市。「印象派」命名の

— 48 —

第 2 章

　いつも決まって、左手にドーヴィル、右手にル・アー
ヴル、正面に大海原を望む草原で休憩をとった。海は太
陽に輝き、鏡のようになめらかで、波のざわめきもほと
んど聞こえないほど穏やかだった。どこにいるのか雀た
ちがさえずり、広大無辺の天空のドームが、そうしたす
べてを覆い尽くしていた。オバン夫人は座ったまま針仕
事をしていた。ヴィルジニーはその傍らで灯心草を編み、
フェリシテはラベンダーの花を摘みとった。ポールは退
屈して帰りたがった。

　またあるときは、トゥック川を船で渡って貝殻を探し
に行った。潮が引いてしまうと、ウニや帆立貝やクラゲ
が現れた。子供たちは、風が運び去る波の泡をつかまえ
ようと走り回った。眠たげな波が砂の上に落ちかかり、
浜辺に沿って広がった。浜辺は見渡す限り続いているが、
陸の方は砂丘が視界をさえぎっていて、その向こうには

もとになったモネ『印象 − 日の出』(1872) に描かれた港。
242) **en face**：「正面に」。243) **tellement ... que ~**：「とても
…なので〜だ」。244) **à peine**：「ほとんど〜ない」。245)
voûte：「丸天井」（→ voûte céleste「天空、蒼穹、青天井」）。
246) **travailler à**：「〜に励む、〜に専念する」。247) **D'autres
fois**：「また別のときに」。248) **La marée basse**：「干潮」
（↔ marée haute「満潮」）。249) **à découvert**：「むき出しに」。
250) **godefiches**：「帆立貝」（= coquille Saint-Jacques）。
251) **le long de**：「〜に沿って」。252) **elle**：= la grève。253)
à perte de vue：「見渡す限り、果てしなく」。

— 49 —

Chapitre 2

dunes la séparant[254] du *Marais*[255], large prairie en
forme d'hippodrome. Quand ils revenaient par là,
Trouville, au fond sur la pente du coteau, à chaque
pas[256] grandissait, et avec toutes ses maisons inégales
5 semblait s'épanouir dans un désordre gai.

Les jours qu'il faisait trop chaud, ils ne sortaient
pas de leur chambre. L'éblouissante clarté du dehors
plaquait des barres de lumière entre les lames des
jalousies. Aucun bruit dans le village. En bas[257], sur
10 le trottoir, personne[258]. Ce silence épandu[259] augmen-
tait la tranquillité des choses. Au loin, les marteaux
des calfats[260] tamponnaient des carènes, et une brise
lourde apportait la senteur du goudron.

Le principal divertissement était le retour des
15 barques. Dès qu'elles avaient dépassé les balises, elles
commençaient à louvoyer[261]. Leurs voiles descen-
daient aux deux tiers des mâts ; et, la misaine gonflée
comme un ballon[262], elles avançaient, glissaient dans

---

254) **la séparant**：la = grève。255) ***Marais***：この沼地の大
部分はフローベール家に属していた。モルニー公爵により
1864 年、この場所にドーヴィル競馬場（現 Hippodrome de
Deauville-La Toques）が完成する。ここで描かれているのは、
沼地の干拓と砂丘の除去が行われる以前の風景である。256)
à chaque pas：「一歩ごとに」。257) **En bas**：「下では」。

— 50 —

第 2 章

「沼地」と呼ばれる競馬場の形をした広い牧草地がある。
そこを通って帰ってくるとき、トゥルーヴィルは、向こ
うに見える丘の斜面で、一歩ごとに大きくなり、色も形
もまちまちな家が並んでいて、陽気な無秩序のなかに咲
く花々のように見えた。

　暑さの厳しい日は、彼らは部屋から出なかった。まぶ
しい外光がブラインドの桟の隙間に光の横縞となって浮
き出ている。村は物音ひとつしなかった。下の歩道には
人影もない。至るところに広がったこの沈黙が、万物の
静けさをいっそう際立たせていた。遠くで、船底をふさ
ぐ造船工のハンマーの音が聞こえる。重苦しい風がター
ルの匂いを運んできた。

　一番の気晴らしは漁船の帰港を見ることだった。船は
ブイを過ぎると、間切り帆走をし始めた。帆をマストの
3分の2まで下ろし、前帆を気球のようにふくらませて
進み、ひたひたと打ち寄せる波間を滑りながら、港の中
央まで進むと、急に錨を下ろす。そのあと船は波止場に

---

258) **personne**：= il n'y avait personne。259) **épandu**：
épandre（「散布する」）の過去分詞。260) **calfat**：「（造船所の）
塡隙工」（< calfater「気密性を保つため船体にコーキングす
る」）。261) **louvoyer**：「帆船が向かい風を受けて間切る、波
間をジグザグに進む」。262) **la misaine gonflée comme un
ballon**：次の elles（= barques）の様態を示す。→注 37。

— 51 —

Chapitre 2

le clapotement des vagues, jusqu'au milieu du port,
où l'ancre tout à coup tombait. Ensuite le bateau se
plaçait contre le quai. Les matelots jetaient par-dessus
le bordage des poissons palpitants ; une file de char-
5 rettes les[263] attendait, et des femmes en bonnet de
coton s'élançaient pour prendre les corbeilles et
embrasser leurs hommes.

Une d'elles, un jour, aborda Félicité, qui peu de
temps après[264] entra[265] dans la chambre, toute
10 joyeuse[266]. Elle avait retrouvé une sœur ; et Nastasie
Barette, femme Leroux, apparut, tenant un nourris-
son à sa poitrine, de la main droite un autre enfant, et
à sa gauche un petit mousse[267] les poings sur les
hanches et le béret sur l'oreille[268].

15 Au bout d'un quart d'heure, Mme Aubain la[269]
congédia.

On les rencontrait toujours aux abords de la cui-
sine, ou dans les promenades que l'on faisait. Le mari
ne se montrait pas.

20 Félicité se prit d'[270] affection pour eux. Elle leur
acheta une couverture, des chemises, un fourneau ;

---

263) **les** : = poissons。 264) **peu de temps après** :「まもなく」
(= sous peu de temps)。 265) **aborda Félicité, qui ... entra** :

— 52 —

第 2 章

横付けになる。水夫たちはぴちぴちはねる魚を船べり越しに投げた。荷車の列がそれを待ち受けていて、木綿のボンネットをかぶった女たちが勢いよく駆け出して魚籠を受け取り、夫に接吻するのだった。

　彼女たちのうちのひとりが、ある日、フェリシテに近づいて話しかけた。ほどなく、いかにもうれしそうな様子でフェリシテは部屋に入ってきた。妹に再会したのだった。現れたナスタジー・バレットは、今はルルーの女房で、胸に乳飲み子を抱き、右手にもうひとりの子供を連れている。左側には、こぶしを腰にあてて、ベレー帽を斜めにかぶった少年水夫がいた。

　15 分もたつと、オバン夫人は女を帰らせた。

　この親子連れにはいつも、台所の付近や、散歩している途中で出会うのだった。夫が姿を見せることはなかった。

　フェリシテはこの母子に情愛を感じた。毛布や、シャツや、こんろなどを買ってやった。間違いなく、彼らは

単純過去は継起した事柄の順に叙述する時制。266) **toute joyeuse**：形容詞の同格的用法。267) **mousse**：16 歳以下の見習い水夫。268) **les poings ... sur l'oreille**：un petit mousse の様態を表す状況補語。269) **la**：= Nastasie Barette。270) **se prendre de**：「(〜の感情を) 覚える、抱く」。

— 53 —

Chapitre 2

évidemment ils l'exploitaient[271]. Cette faiblesse aga-
çait Mme Aubain, qui d'ailleurs n'aimait pas les
familiarités du neveu, — car il tutoyait[272] son fils ;
— et, comme Virginie toussait et que[273] la saison
5 n'était plus bonne, elle revint à Pont-l'Évêque.

M. Bourais l'éclaira sur[274] le choix d'un collège.
Celui[275] de Caen passait pour[276] le meilleur. Paul y
fut envoyé ; et fit bravement ses adieux, satisfait[277]
d'aller vivre dans une maison[278] où il aurait[279] des
10 camarades.

Mme Aubain se résigna à l'éloignement de son fils,
parce qu'il[280] était indispensable. Virginie y songea
de moins en moins[281]. Félicité regrettait son tapage.
Mais une occupation vint la distraire ; à partir de[282]
15 Noël, elle mena[283] tous les jours la petite fille au
catéchisme[284].

---

271) **exploiter**：「搾取する、つけ込む」。272) **tutoyer**：tu を
用いて友達同士のような口をきく（↔ vouvoyer）。273)
que：＝先行する接続詞 comme を代用する。同様に quand、
puisque、si、parce que なども2回目以降は que で代用できる。
274) **éclairer qn. sur**：「〜について〜に教える（啓蒙する）」。
275) **Celui**：＝collège。276) **passer pour**：「〜とみなされる、
〜として通る」（＝ être considéré comme）。277) **satisfait**：
過去分詞の同格的用法。278) **maison**：「寄宿学校」（＝ pen-

— 54 —

第 2 章

フェリシテにつけ込んでいたのだ。こうした人の好さが
オバン夫人を苛立たせた。そもそも甥という子のなれな
れしさが気に入らない。——息子に向かって友達同士の
ような口をきくからだ。——それにヴィルジニーは咳を
するし、もう季節もよくないので、彼女はポン＝レヴェッ
クに帰った。

　中学の選択にあたり、ブレ氏が夫人にわかりやすく説
明してくれた。カーンの中学が一番という評判である。
ポールはそこに送られることになり、寄宿学校の生活で
は友達ができるだろうと喜んで、勇ましく別れを告げた。

　オバン夫人は、息子と離れることを甘んじて受け入れ
た。それはどうしようもないことなのだ。ヴィルジニー
は兄のことをだんだん考えなくなった。フェリシテは
ポールの騒々しさを懐かしがった。しかし、ひとつの仕
事が彼女の気を紛らわせてくれた。クリスマス以降、彼
女は毎日、ヴィルジニーを教理問答に連れていくことに
なったのである。

---

sionnat）。279) **aurait**：過去における未来を示す条件法。
280) **il**：＝ l'éloignement de son fils。281) **y songea de moins
en moins**：y ＝ à son frère。de moins en moins「ますます少
なく」。282) **à partir de**：「〜以来、〜から」。283) **mena**：
行 為 の 開 始 を 示 す 単 純 過 去（＝ commença à mener）。ex.
Henri IV *régna* en 1589.「アンリ 4 世は 1589 年に統治を始め
た」。284) **catéchisme**：[kateʃism]「カテキズム」。キリスト
教の信仰を伝授する教理入門教育、およびその教理問答書。

III

Quand elle avait fait à la porte une génuflexion[285],
elle s'avançait sous la haute nef[286] entre la double
ligne des chaises, ouvrait le banc de Mme Aubain,
s'asseyait, et promenait ses yeux autour d'elle.

Les garçons à droite, les filles à gauche, emplis-
saient les stalles du chœur ; le curé se tenait debout
près du lutrin ; sur un vitrail de l'abside[287], le Saint-
Esprit[288] dominait la Vierge[289] ; un autre[290] la mon-
trait à genoux devant l'Enfant Jésus, et, derrière le
tabernacle[291], un groupe en bois représentait saint
Michel terrassant le dragon.

Le prêtre fit d'abord un abrégé de l'Histoire
Sainte[292]. Elle croyait voir le paradis, le déluge, la
tour de Babel, des villes tout en flammes, des peuples

---

285) **génuflexion**：「ひざまずくこと、跪拝」(< genou)。以
下はポン＝レヴェックにあるサン＝ミシェル教会（église
Saint-Michel）の描写。286) **nef**：「身廊」。教会聖堂入口から
祭壇までの、高いアーチ形天井をもつ礼拝用空間。ここに信
徒席が設けられている。287) **abside**：「（教会の）後陣」。祭
壇の後ろの半円形の部分。288) **Saint-Esprit**：「聖霊」。新約
聖書では「神の霊」「（復活した）キリストの霊」をしばしば
聖霊と呼ぶ。キリスト教では、父なる神と子なる神と聖霊な
る神の三位を、唯一の神のそれぞれの姿として考える（三

III

　彼女は教会の扉のところでひざまずいてから、祭壇ま
で続く身廊の高い天井の下、2列に並んだ信徒席のあい
だを進んでいき、オバン夫人の席を開けて、そこに座っ
た。そしてあたりを見渡した。

　少年たちが右手に、少女たちが左手に、聖歌隊席を埋
め尽くしている。司祭は譜面台の傍らに立っている。後
陣のステンドグラスでは、聖霊が聖母マリアを見下ろし
ている。また、幼子イエスの前にひざまずく聖母が描か
れているものもある。聖櫃の後ろには、竜を踏み倒す聖
ミカエルを表した木彫りの群像があった。

　司祭は初めに聖史の概略を語った。フェリシテには、
楽園、大洪水、バベルの塔、炎に包まれる町々、滅びゆ

位一体論)。新約聖書の記述をもとに、図像では白い鳩によっ
て表されることが多い。289) **la Vierge**：「聖母」(= la Vierge
Mère)。イエスの母マリア。290) **un autre**：= un autre
vitrail。291) **tabernacle**：「聖櫃、タベルナクルム」。聖体(聖
餐式で聖別されたパン。キリストの体として礼拝の対象とさ
れる)を保存する容器の収納場所で、祭壇に設置されること
が多い。292) **Histoire Sainte**：「聖史」。ここでは旧約聖書
の物語のうち、アダムとイヴの楽園追放、ノアの大洪水、バ
ベルの塔、神の火によって滅びた悪徳の町ソドムとゴモラ
(以上創世記)、偶像の破壊が語られている。

Chapitre 3

qui mouraient, des idoles renversées ; et elle garda de
cet éblouissement le respect du Très-Haut[293)] et la
crainte de sa colère. Puis, elle pleura en écoutant la
Passion[294)]. Pourquoi l'avaient-ils crucifié[295)], lui qui
5 chérissait les enfants, nourrissait les foules, guérissait
les aveugles, et avait voulu, par douceur, naître au
milieu des pauvres, sur le fumier d'une étable[296)] ?
Les semailles, les moissons, les pressoirs, toutes ces
choses familières dont[297)] parle l'Évangile, se trou-
10 vaient dans sa vie ; le passage de Dieu les avait sanc-
tifiées ; et elle aima plus tendrement les agneaux par
amour de l'Agneau[298)], les colombes à cause du[299)]
Saint-Esprit.

Elle avait peine à[300)] imaginer sa personne ; car il
15 n'était pas seulement oiseau[301)], mais encore[302)] un feu,
et d'autres fois un souffle. C'est peut-être sa lumière
qui[303)] voltige la nuit aux bords des marécages, son

---

293) **Très-Haut**：「いと高き神」。294) **Passion**：大文字の場
合は「キリストの受難」。イエスが受けた、十字架上での死
を頂点とする苦難。295) **crucifier**：「十字架にかける」（＜
croix）。296) **fumier d'une étable**：新約聖書（ルカ2章7）
によれば、誕生したイエスが寝かされたのは飼い葉桶であっ
たが、ここでは堆肥の上となっている。297) **dont**：parler
de（「～について話す」）の前置詞 de を含む関係代名詞。

— 58 —

第3章

く諸国の民、打ち倒された偶像などがまざまざと目に見えるようだった。そしてくらくらするような眩惑のあとに、いと高き神への尊敬の念と、その怒りに対する畏れを抱いた。それから、彼女はキリストの受難を聞いて泣いた。なぜ人々はあの方を十字架にかけたりしたのだろう。子供たちをいつくしみ、大勢の人々に食べ物を与え、盲人の目を治し、やさしいみ心のゆえに、自ら望まれて貧しい人々のただなか、家畜小屋の堆肥の上にお生まれくださったというのに。種まき、刈り入れ、ぶどう搾り器といった福音書に語られるものはどれも、自分の生活のなかにあるものばかりだ。神さまがつかのま地上においでになったことで、これらが神聖なものになったのだ。そして彼女は、「神の小羊」キリストへの愛のために子羊を、聖霊のためにその象徴である鳩を、ますますいとおしく思うようになった。

　その聖霊の姿かたちを想像するのは難しかった。それは鳥の姿をしているだけでなく、火でもあり、またときには風の息吹でもあるからだ。おそらく、夜中に沼地の

───────────────────────────

298) **l'Agneau**：「(神の)小羊」。イエスのこと。299) **à cause de**：「〜のために」。300) **avoir peine à + inf.**：「〜するのに苦労する、〜できない」。301) **oiseau**：無冠詞なのは il の属詞であるため。次の un feu、un souffle は、その属性を具体的に表すため不定冠詞。302) **ne ... pas seulement 〜 mais encore 〜**：「単に〜だけではなく〜だ」。303) **C'est ... qui 〜**：「〜のは…だ」。強調構文。

— 59 —

Chapitre 3

haleine qui pousse les nuées, sa voix[304)] qui rend[305)]
les cloches harmonieuses ; et elle demeurait dans une
adoration, jouissant de la fraîcheur des murs et de la
tranquillité de l'église.

5   Quant aux dogmes, elle n'y comprenait rien[306)], ne
tâcha même pas de[307)] comprendre. Le curé discou-
rait, les enfants récitaient, elle finissait par s'endor-
mir ; et se réveillait tout à coup, quand ils faisaient en
s'en allant claquer leurs sabots sur les dalles.

10   Ce fut de cette manière[308)], à force de[309)] l'entendre,
qu'[310)] elle apprit le catéchisme, son éducation reli-
gieuse ayant été négligée dans sa jeunesse[311)] ; et dès
lors[312)] elle imita toutes les pratiques de Virginie,
jeûnait comme elle, se confessait[313)] avec elle. A la
15   Fête-Dieu[314)], elles firent ensemble un reposoir[315)].

---

304) **son haleine、 sa voix**：それぞれ前に c'est を補う。305)
rendre ~ ＋形容詞：「～を…にする」。ex. Elle rendra Paul
heureux. 彼女はポールを幸せにするだろう。306) **n'y com-
prenait rien**：「そのことが何もわからなかった」（= ne rien
comprendre à qc.）。y = aux dogmes。307) **tâcher de ＋
inf.**：「～しようと努める」。308) **de cette manière**：「こんな
ふうにして」。309) **à force de ＋ inf.**：「大いに（くり返して）
～したので」。310) **Ce fut ... que ~**：強調構文。311) **son
éducation ... sa jeunesse**：原因を表す絶対分詞構文。312)

第3章

へりのあたりを漂っているのは聖霊の光であり、群雲を
追い立てるのはその息であり、教会の鐘の音を心地よく
調和させるのはその声なのだろう。そうして彼女は、と
りまく壁の心地よい冷たさと聖堂のひっそりした静寂を
感じながら、熱い崇拝の念に浸るのだった。

　教義については何もわからないし、わかろうともしな
かった。司祭が長々と説教をし、子供たちがそれを暗唱
しているうち、ついに彼女は眠り込んでしまう。そのう
ち子供たちが木靴の音をさせて敷石の上を帰っていくと
きになると、突然目を覚ますのだった。

　若い頃に宗教教育をおろそかにされていたので、こん
なふうにして、ひたすら聞いているうち、彼女は教理問
答を覚えてしまった。それ以来、ヴィルジニーのお勤め
を何から何までまねして、彼女のように断食し、彼女と
共に告解をするのだった。聖体の祝日には、一緒に仮祭
壇をしつらえた。

---

dès lors：「そのとき以来」(= à partir de ce moment-là)。
313) **jeûnait、se confessait**：その前の単純過去 imita の具体
的な内容を説明する半過去。se confesser (「告解する」)は、
ここでは司祭に罪の告白をすること。神の赦しを受けるため
の重要な秘跡。314) **Fête-Dieu**：「聖体の祝日」。三位一体の
祝日 (聖霊降臨祭の次の日曜日) 後の木曜日 (国によっては日
曜日)。聖体行列が行われる。315) **reposoir**：「仮祭壇」。通
常は聖堂内の聖櫃に納められている聖体を、聖体行列で運ぶ
際、道の途中などに安置するために設けられた。

Chapitre 3

La première communion[316] la tourmentait d'avance.
Elle s'agita pour les souliers, pour le chapelet[317],
pour le livre, pour les gants. Avec quel tremblement
elle aida sa mère à[318] l'habiller !

5 Pendant toute la messe, elle éprouva une angoisse.
M. Bourais lui cachait un côté du chœur ; mais juste
en face, le troupeau des vierges portant des cou-
ronnes blanches par-dessus leurs voiles abaissés for-
mait comme un champ de neige ; et elle reconnaissait
10 de loin la chère petite à[319] son cou plus mignon et son
attitude recueillie[320]. La cloche tinta. Les têtes se
courbèrent ; il y eut un silence. Aux éclats de l'orgue,
les chantres et la foule entonnèrent l'*Agnus Dei*[321] ;
puis le défilé des garçons commença ; et, après
15 eux, les filles se levèrent. Pas à pas[322], et les mains
jointes, elles allaient vers l'autel tout illuminé,
s'agenouillaient sur la première marche, recevaient
l'hostie[323] successivement, et dans le même ordre

---

316) **communion**：「聖体拝領」。カトリックの聖餐式で信徒
が聖体を受けること。もとは「交わり」の意で、聖別された
パンとぶどう酒を共に食することで形成される共同体をい
う。317) **chapelet**：「ロザリオ」。→注38。318) **aider qn. à
+ inf.**：「～が～するのを手伝う」。319) **reconnaître ... à ～**：
「～で…を見分ける」。320) **recueilli(e)**：「瞑想にふけった」

— 62 —

第3章

　ヴィルジニーの初聖体拝領のことが、かねてより彼女
の気がかりだった。靴やロザリオ、祈禱書や手袋のこと
などでせわしく動き回った。オバン夫人が娘に衣装を着
せるのを手伝いながら、彼女はどんなに震えたことか！
　ミサの続くあいだ、フェリシテはいたたまれないよう
な不安を感じていた。ブレ氏の陰になって聖歌隊の一角
が見えない。しかしちょうど正面には、おろしたヴェー
ルの上から白い花冠をかぶった少女たちの群れが、まる
で雪の野原のように見えた。そして遠くからでも、とり
わけ可憐な首筋と、じっと瞑想する姿から、いとしいお
嬢さまを見分けることができるのだった。鐘が鳴った。
人々は頭を垂れた。あたりは静まり返った。パイプオル
ガンが響き渡ると、聖歌隊員と会衆は一斉に「アニュス・
デイ」を歌い出した。続いて少年たちの列が動き出した。
そのあとから少女たちが立ち上がった。一歩一歩ゆっく
りと、両手を組みながら、彼女たちは灯火に照らされた
祭壇の方へと進み、最初の段でひざまずき、順々に聖体
を拝領した。そして、そのままの順でめいめいの祈禱台

（＜ recueillement「瞑想、精神の集中」）。321) ***Agnus Dei***：
「アニュス・デイ、神の小羊」。ミサの中で、聖体拝領の際、
　会衆が歌う賛歌。322) **Pas à pas**：「一歩一歩」。323) **hos-
tie**：「ホスチア」。聖体として聖別されたパン。聖体拝領の
　際に司祭が信徒の口に授ける。

— 63 —

Chapitre 3

revenaient à leurs prie-Dieu[324]. Quand ce fut le tour
de Virginie, Félicité se pencha pour la voir ; et, avec
l'imagination que donnent les vraies tendresses, il lui
sembla qu'elle était elle-même cette enfant ; sa figure
5　devenait la sienne[325], sa robe l'[326] habillait, son cœur
lui battait dans la poitrine ; au moment d'ouvrir la
bouche[327], en fermant les paupières, elle manqua[328]
s'évanouir.

　　Le lendemain, de bonne heure, elle se présenta
10　dans la sacristie, pour que M. le curé lui donnât[329] la
communion. Elle la reçut dévotement, mais n'y[330]
goûta pas les mêmes délices.

　　Mme Aubain voulait faire de[331] sa fille une per-
sonne accomplie ; et, comme Guyot ne pouvait lui
15　montrer ni l'anglais ni la musique, elle résolut de[332] la
mettre en pension chez les Ursulines[333] d'Hon-
fleur[334].

---

324) **prie-Dieu**：「祈禱台」。跪拝のため、教会の座席の前に
備えられた膝を載せる台。325) **la sienne**：= la figure de
Félicité。326) **l'**：= Félicité。327) **ouvrir la bouche**：ヴィル
ジニーを模倣し、想像の中で一体化するフェリシテ自身の動
作。328) **manquer + inf.**：「あやうく〜しそうになる」。
329) **donnât**：pour que のあとでは接続法がくる（donner の
接続法半過去）。ex. Parlez plus fort pour que tout le monde

— 64 —

第3章

に戻っていった。ヴィルジニーの番になったとき、フェ
リシテはその姿を見ようとして身を乗り出した。そして
本当のやさしさがもたらす想像力によって、自分自身が
そのままその子であるような気がした。その子の顔が自
分の顔となり、その子の衣装を身につけ、その子の心臓
が自分の胸のなかで脈打っている。目を閉じて、口を開
ける瞬間、フェリシテはもう少しで気を失うところだっ
た。

その翌日、朝早く、司祭さまにお願いして聖体を授け
ていただこうと香部屋に出かけていった。敬虔な気持ち
で聖体を拝受したが、前日と同じような恍惚とした喜び
を味わうことはできなかった。

オバン夫人は娘を申し分のない女性にしたいと願った。
ギュイヨでは英語も音楽も教えることができないので、
娘をオンフルールの聖ウルスラ修道会の寄宿舎に入れる
決心を固めた。

---

vous entende. 「みんなが聞こえるように大きな声で話しなさ
い」。330) **y**：= à la communion。331) **faire ... de ~**：「～を
…にする」。332) **résoudre de + inf.**：「～しようと決意する」。
333) **chez les Ursulines**：聖ウルスラを保護聖人として、
1535年イタリアでアンジェラ・メリチにより創立された女
子修道会。女子教育に力を入れた。334) **Honfleur**：セーヌ
河口をはさんでル・アーヴルの対岸に位置する小さな港町。

— 65 —

Chapitre 3

L'enfant n'objecta rien. Félicité soupirait, trou-
vant[335] Madame insensible. Puis elle songea que sa
maîtresse, peut-être, avait raison[336]. Ces choses
dépassaient sa compétence[337].

5 Enfin, un jour, une vieille tapissière[338] s'arrêta
devant la porte ; et il en descendit[339] une religieuse
qui venait chercher Mademoiselle. Félicité monta les
bagages sur l'impériale, fit des recommandations au
cocher, et plaça dans le coffre six pots de confitures
10 et une douzaine de poires, avec un bouquet de vio-
lettes.

Virginie, au dernier moment, fut prise d'[340] un
grand sanglot ; elle embrassait sa mère qui la baisait
au front en répétant : — « Allons ![341] du courage ! du
15 courage ![342] » Le marchepied se releva, la voiture
partit.

Alors Mme Aubain eut une défaillance ; et le soir
tous ses amis, le ménage Lormeau, Mme Lechaptois,

---

335) **trouver qn./qc. + 属詞**：「～を～だと思う」。336) **avoir
raison**：「正しい」（↔ avoir tort）。337) **Ces choses ... com-
pétence**：自由間接話法。Félicité songea que を補って考える。
338) **tapissière**：屋根付きの家具運搬馬車。次の l'impériale
はその屋根。339) **il en descendit**：en = de la tapissière。非
人称構文。意味上の主語は une religieuse。ある種の自動詞

— 66 —

第 3 章

　ヴィルジニーは文句ひとつ言わなかった。フェリシテ
は、奥さまは薄情だと思って、ため息をついた。そのあ
と、奥さまはたぶん正しいのだろうと考えた。こうした
ことは、自分なんかにわかりようもないことなのだ。

　とうとうある日、1台の古ぼけた馬車が門の前に止
まった。お嬢さまを迎えに来た修道女がひとり、そこか
ら降りてきた。フェリシテは荷物を馬車の屋根に載せ、
御者にきめ細かく注意を与え、荷物箱に、ジャムの瓶を
6個と梨を1ダース、それにすみれの花束を添えて入れ
た。

　いよいよ別れのときが来ると、ヴィルジニーは大きな
声で泣きじゃくった。抱きついてくる娘の額に接吻しな
がら、母親は何度もくり返した。「さあ！　しっかりし
て！　しっかり！」踏み台が上がり、馬車は出発した。

　するとオバン夫人は、ふっと力が抜けて気が遠くなっ
た。その晩、ロルモー夫妻、ルシャプトワ夫人、ロシュ

───────────────────────────────

は主語が不特定物をさすときに非人称構文をとる。ex. Il
vient beaucoup de touristes ici.「ここには多くの観光客が来
る」。340) **être pris(e) de**：「（感情などに突然）襲われた」。
341) **Allons !**：「さあ、ほら！」。aller の命令形の間投詞的用
法（励まし、勧誘など）。342) **du courage !**：「しっかり、元
気を出して！」。9歳で孤児となったフローベールの母は、
一時オンフルールの寄宿学校に入っていた。

── 67 ──

Chapitre 3

ces[343)] demoiselles Rochefeuille, M. de Houppeville et Bourais se présentèrent pour la consoler.

La privation de sa fille lui fut d'abord très douloureuse. Mais trois fois la semaine elle en[344)] recevait une lettre, les autres jours lui écrivait, se promenait dans son jardin, lisait[345)] un peu, et de cette façon comblait le vide des heures.

Le matin, par habitude[346)], Félicité entrait dans la chambre de Virginie, et regardait les murailles. Elle s'ennuyait de[347)] n'avoir plus à[348)] peigner ses cheveux, à lui lacer ses bottines, à la border dans son lit[349)], — et de ne plus voir continuellement sa gentille figure, de ne plus la tenir par la main quand elles sortaient ensemble. Dans son désœuvrement, elle essaya de faire de la dentelle. Ses doigts trop lourds cassaient les fils ; elle n'entendait à rien[350)], avait perdu le sommeil[351)], suivant son mot, était « minée[352)] ».

---

343) *ces*：敬語的用法。イタリックは軽い皮肉を表す。344) **en**：= de sa fille。345) **lire**：「（目的語なしで）読書をする」(= passer du temps à lire)。346) **par habitude**：「習慣で、惰性で」。cf. d'habitude「いつもは」。347) **s'ennuyer de**：「退屈する、（～の欠如を）寂しがる」。348) **avoir à + inf.**：「～し

— 68 —

第 3 章

フイユのお嬢さま方、ド・ウップヴィル氏、それにブレ
といった友人みんなが彼女を慰めようと訪ねてきた。

　娘がいなくなったことは、初めのうち彼女にはひどく
つらいものだった。しかし週に 3 度は娘から手紙を受け
取り、ほかの日は娘に手紙を書いたり、庭を散歩したり、
少し読書をしたり、そんなふうにしてぽっかり空いた時
間を埋めるのだった。

　朝はいつも、習慣のままに、フェリシテはヴィルジニー
の部屋に入っていった。そして壁を見回すのだった。も
う、髪をとかしてやることも、編み上げ靴のひもを結ん
でやることも、ベッドに寝かせて上掛けでくるんでやる
こともない。——そして、あのかわいらしい顔を絶えず
眺めたり、一緒に出かけるときに手をつないであげたり
することもないのだ。そう思うと寂しかった。何もする
ことがないので、レースを編んでみようとした。あまり
にも指が思うように動かず、糸が切れてしまう。何をし
てもうまくいかず、すっかり不眠症になり、彼女の言葉
によれば「すりへって」しまったのだ。

なければならない」。349) **border qn. dans son lit**：「〜を寝
かせて夜具にくるむ」。350) **n'entendait à rien**：「何事もう
まくいかない」（= ne s'entendait à rien）。351) **perdre le
sommeil**：「不眠症になる」。352) **miné(e)**：「すりへった、
やつれた」。miner（「徐々にむしばむ」）の過去分詞。

— 69 —

Chapitre 3

Pour « se dissiper[353] », elle demanda la permission de recevoir son neveu Victor.

Il arrivait le[354] dimanche après la messe, les joues roses, la poitrine nue, et sentant l'odeur de la campagne qu'il avait traversée. Tout de suite, elle dressait son couvert[355]. Ils déjeunaient l'un en face de l'autre[356] ; et, mangeant elle-même le moins possible pour épargner la dépense, elle le bourrait tellement de nourriture qu'il finissait par s'endormir. Au premier coup des vêpres[357], elle le réveillait, brossait son pantalon, nouait sa cravate, et se rendait à l'église, appuyée sur[358] son bras dans un orgueil maternel.

Ses parents le chargeaient toujours d'en tirer[359] quelque chose, soit[360] un paquet de cassonade, du savon, de l'eau-de-vie, parfois même de l'argent. Il apportait ses nippes à raccommoder ; et elle acceptait cette besogne, heureuse[361] d'une occasion qui le forçait à[362] revenir.

---

353) **se dissiper**：「気晴らしをする」（= se distraire）。354) **le**：曜日の前に定冠詞がつくと「～曜日ごとに」。355) **dresser son couvert**：「食卓に食器を並べる」。356) **l'un en face de l'autre**：「互いに向かい合って」。357) **vêpres**：「晩課」。カトリック教会で行われる時課の一つで夕べの祈り。358) **appuyé(e) sur**：「～にもたれかかった」。359) **le chargeaient**

第3章

「気分転換」のため、彼女は甥のヴィクトールを家に呼ぶお許しを願い出た。

彼は日曜日ごとに、ミサのあと、頬を赤くして胸をはだけ、横切ってきた野原の匂いをさせてやって来た。すぐに彼女は食卓の準備をした。ふたりは向かい合って昼食をとった。出費を抑えるために自分はできるだけ少なめに食べて、ヴィクトールを腹一杯にさせてやるので、彼はついに眠り込んでしまう。晩課の鐘が鳴ると、彼女は甥を起こし、ズボンにブラシをかけてネクタイを結んでやり、母親のような誇らしい気持ちで彼の腕に寄りかかって教会へと向かった。

彼の両親は、フェリシテから何かせびり取ってくるように、いつも言いきかせていた。それは赤砂糖の包みや石鹸やブランデー、さらには金銭のこともあった。彼がぼろ着を繕ってくれるよう持ってくると、この子がまた来る機会ができるのがうれしくて、この骨折り仕事を引き受けるのだった。

---

toujours d'en tirer：charger qn. de + inf.「〜に〜することを任せる」。en = de Félicité。tirer ... de 〜「〜から…を引き出す」。360) **soit**：「すなわち」(= à savoir、c'est-à-dire)。361) **heureuse**：形容詞の同格的用法。362) **forcer qn. à + inf.**：「〜に〜することを強いる」。

Chapitre 3

Au mois d'août, son père l'emmena au cabotage.

C'était l'époque des vacances. L'arrivée des enfants
la consola. Mais Paul devenait capricieux, et Virginie
n'avait plus l'âge d'être tutoyée, ce qui[363)] mettait une
5 gêne, une barrière entre elles.

Victor alla successivement à Morlaix[364)], à Dun-
kerque[365)] et à Brighton[366)] ; au retour de[367)] chaque
voyage, il lui offrait un cadeau. La première fois, ce
fut une boîte en coquilles ; la seconde, une tasse à
10 café ; la troisième, un grand bonhomme en pain
d'épice. Il embellissait, avait la taille bien prise[368)], un
peu de moustache, de bons yeux francs, et un petit
chapeau de cuir, placé en arrière comme un pilote. Il
l'amusait en lui racontant des histoires mêlées de
15 termes marins.

Un lundi, 14 juillet 1819 (elle n'oublia pas la date),
Victor annonça qu'il était engagé au long cours, et,
dans la nuit du surlendemain, par le paquebot de
Honfleur, irait rejoindre sa goélette, qui devait
20 démarrer du Havre prochainement. Il serait, peut-

---

363) **ce qui**：→注 123。364) **Morlaix**：英仏海峡に面したブ
ルターニュのフィニステール県北部の港町。365) **Dun-
kerque**：フランス北部ノール県の英仏海峡に面した港湾都
市。366) **Brighton**：イギリス南海岸にある保養地として有

第3章

　8月には、父親が彼を沿岸航海に連れていった。

　それはちょうど夏休みの時期だった。子供たちの帰省がフェリシテを慰めた。しかしポールは気分屋になり、ヴィルジニーはもう打ち解けた言葉で話せる年頃ではなくなっていた。そのことが、ふたりのあいだに気まずい空気を生み、越えがたい溝をつくった。

　ヴィクトールはモルレー、ダンケルク、ブライトンと次々に航海した。旅から戻ると毎回フェリシテに土産物を持ってきた。最初は貝殻細工の箱、2度目はコーヒーカップ、3度目は大きな人形型の香料入りパン<ruby>パン・デピス</ruby>だった。彼は男前になり、体つきも均整がとれて、口髭を少しばかり生やし、やさしい正直そうな目をして、いっぱしの水先案内人のように小さな革の帽子をあみだにかぶっていた。船乗り言葉を取り混ぜて色々な話をしてフェリシテを面白がらせた。

　ある月曜日、それは1819年7月14日（この日を彼女は決して忘れなかった）のことだったが、ヴィクトールは遠洋航海に雇われたと知らせにきた。翌々日の夜、オンフルールからの定期船で行って、近くル・アーヴルから出航するスクーナー船に乗り込むことになった。たぶ

名な港。367）**au retour de**：「～から帰ると」。368）**avoir la taille bien prise**：「均整のとれた体つきをしている」（= être bien fait、bien proportionné）。

— 73 —

Chapitre 3

être, deux ans parti[369].

La perspective d'une telle absence désola Félicité ;
et pour lui dire encore adieu, le mercredi soir, après
le dîner de Madame, elle chaussa des galoches,
5 et avala[370] les quatre lieues[371] qui séparent Pont-
l'Évêque de Honfleur.

Quand elle fut devant le Calvaire[372], au lieu de
prendre à gauche, elle prit à droite, se perdit dans des
chantiers[373], revint sur ses pas[374] ; des gens qu'elle
10 accosta l'engagèrent à[375] se hâter. Elle fit le tour du
bassin[376] rempli de navires, se heurtait[377] contre des
amarres ; puis le terrain s'abaissa, des lumières
s'entrecroisèrent, et elle se crut[378] folle, en apercevant
des chevaux dans le ciel.

15 Au bord du quai, d'autres[379] hennissaient, effrayés
par la mer. Un palan[380] qui les enlevait les descendait
dans un bateau, où des voyageurs se bousculaient

---

369) **Il serait ... deux ans parti**：過去における前未来（= 未
来完了「～することになるだろう」）を示す条件法過去。こ
こは自由間接話法で、Victor annonça que を補って考える。
370) **avaler**：「（長距離を）走破する、（障害などを）突破す
る」。371) **lieue**：「里」。1 里 = 約 4 km。372) **le Calvaire**：
「（路傍などに立てられた）キリスト磔刑（受難）像」。ラテン
語の Calvaria は、キリストが十字架刑に処せられたゴルゴ

— 74 —

第3章

ん2年間は行ったままになるだろう。

　そんなに長いあいだ帰ってこないのかと思うとフェリ
シテはどうしようもなく悲しかった。そして彼にもう一
度別れを告げるために、水曜日の晩、奥さまの夕食が終
わると、木底の靴をはいて、ポン＝レヴェックからオン
フルールまでの4里の道を一気に走り通した。

　キリスト磔刑像の前に来たとき、左に曲がるはずのと
ころを右に曲がって、造船所の中に迷い込み、来た道を
また引き返した。人に聞いてみると、急ぐように言われ
た。船でいっぱいになった港内の係船池をひと回りし、
何度も舫い綱につまずいた。そのうち地面が低くなり、
幾筋もの光が交差した。そして空中に何頭もの馬が現れ
たのを見たときは、自分でも気が変になったのかと思っ
た。

　埠頭では、ほかの馬たちが海に怯えていなないていた。
その馬たちをホイストが吊り上げては船に下ろしていく。
船では、乗客たちがシードルの樽やチーズのかごや穀物

───────────────────────
タ の 丘。373) **chantier**：「 造 船 所 」。374) **revenir sur ses
pas**：「（もと来た道を）引き返す」。375) **engager qn. à +
inf.**：「〜に〜するように勧める」。376) **bassin**：「港内停泊
区、係船池、ドック」。377) **se heurtait**：反復を表す半過去。
378) **se croire + 属詞**：「自分が〜だと思う」。379) **d'autres**：
= d'autres chevaux。380) **palan**：「ホイスト、（荷物を吊り上
げるための）巻き上げ機」。

— 75 —

Chapitre 3

entre les barriques de cidre, les paniers de fromage, les sacs de grain ; on entendait[381] chanter des poules, le capitaine jurait ; et un mousse restait accoudé sur le bossoir, indifférent à tout cela. Félicité, qui ne l'[382] avait pas reconnu, criait : « Victor ! » ; il leva la tête ; elle s'élançait, quand[383] on retira l'échelle tout à coup.

Le paquebot, que des femmes halaient[384] en chantant, sortit du port. Sa membrure craquait, les vagues pesantes fouettaient sa proue. La voile avait tourné, on ne vit plus personne ; — et, sur la mer argentée par la lune, il faisait une tache noire qui pâlissait toujours, s'enfonça, disparut.

Félicité, en passant près du Calvaire, voulut recommander à Dieu[385] ce qu'elle chérissait le plus[386] ; et elle pria pendant longtemps, debout, la face baignée de pleurs, les yeux vers les nuages[387]. La ville dormait, des douaniers se promenaient ; et de l'eau tom-

---

381) **entendre + inf. + 名詞**：「～が～するのが聞こえる」(= entendre + 名詞 + inf.)。ex. J'entends chanter Paul.(= J'entends Paul chanter.) 382) **l'**：= Victor。383) **quand**：主節（半過去）のあとで quand 以下の従属節に単純過去（または複合過去）がくる場合、従属節の方に叙述の重点が置かれる。ex. Je dormais dans ma chambre, quand j'entendis sonner à la porte. 「部屋で眠っていたとき、ドアで呼び鈴を鳴らすのが聞こえ

— 76 —

第 3 章

袋のあいだで押し合いへし合いしていた。雌鶏の鳴き声
が聞こえ、船長は口汚く怒鳴りちらしている。そうした
一切に無関心なひとりの少年水夫が、ずっと揚錨架に肘
をついていた。フェリシテは、そうとはっきり見分けた
わけではないが、「ヴィクトール！」と叫んだ。彼は顔
を上げた。彼女が駆け寄ろうとすると、急にタラップが
外された。

　船は、歌いながら綱を引く女たちに引かれて港を出た。
肋材はきしみ、重たげな波が舳先をたたきつけた。帆が
向きを変えると、もう人の姿も見えなくなった。――そ
して、月に照らされ銀色に輝く海の上に、船は小さな黒
いしみとなり、次第に薄れ、闇の奥に沈んで見えなくなっ
た。

　フェリシテは、キリスト磔刑像の近くを通るとき、最
愛のもののご加護を神さまにお願いしておこうと思った。
それで立ったまま、顔を涙で濡らし雲を見上げて、長い
間祈った。町は寝静まり、税関吏たちが歩き回っている。

た」。384) **halaient**：オンフルールは河港であるため、大型
船を海に出すには岸伝いに船を引いて出港させる必要があっ
た。385) **recommander qn. à Dieu**：「～の保護を神にゆだ
ねる」。386) **ce qu'elle chérissait le plus**：「彼女が一番愛し
ているもの」。ヴィクトールをさす。387) **la face baignée ...
les yeux vers les nuages**：様態を表す状況補語。

— 77 —

Chapitre 3

bait sans discontinuer par les trous de l'écluse, avec un bruit de torrent. Deux heures sonnèrent.

Le parloir n'ouvrirait pas avant le jour. Un retard, bien sûr, contrarierait Madame[388] ; et, malgré son
5 désir d'embrasser l'autre enfant[389], elle s'en retourna. Les filles de l'auberge s'éveillaient, comme elle entrait dans Pont-l'Évêque.

Le pauvre gamin durant[390] des mois allait donc rouler[391] sur les flots ! Ses précédents voyages ne
10 l'avaient pas effrayée. De l'Angleterre et de la Bretagne, on revenait ; mais l'Amérique, les Colonies, les Îles[392], cela était perdu dans une région incertaine, à l'autre bout du monde.

Dès lors, Félicité pensa exclusivement à son neveu.
15 Les jours de soleil, elle se tourmentait de la soif ; quand il faisait de l'orage, craignait pour lui la foudre. En écoutant le vent qui grondait dans la cheminée et emportait les ardoises, elle le voyait battu[393] par cette même tempête, au sommet d'un mât fracassé, tout le

---

388) **Le parloir ... Madame** : 自由間接話法。Félicité pensait que を補って考える。ouvrirait、contrarierait は、過去における未来を示す条件法現在。389) **l'autre enfant** : = Virginie。名詞 enfant は 男 女 同 形。390) **durant** : = pendant。391) **rouler** :「（船が）横揺れをする、（人が）渡り歩く、転々とす

— 78 —

第3章

閘門の口から、ほとばしる音を立てて絶え間なく水が流れ落ちている。2時が鳴った。

修道院の面会所は夜明け前には開かないだろう。帰りが遅くなれば、きっと奥さまのご機嫌を損ねるにちがいない。もうひとりの子に接吻したい気持を抑えて、彼女は引き返した。ポン＝レヴェックの町に入ったのは、宿屋の女中たちが起きる頃だった。

かわいそうなあの子は、何か月も波間をさすらうのだ！　これまでの航海は、そう怖いと思わなかった。イギリスからもブルターニュからも無事に帰ってきた。ところがアメリカとか、植民地とか、西インド諸島となると、遠い世界の果ての、どこにあるのかも漠としてわからないところだ。

そのときから、フェリシテはただ甥のことばかり考えた。太陽の照りつける日は、喉の渇きを心配した。嵐のときには、彼のために雷を恐れた。風が暖炉でごうごうと鳴り、屋根のスレートをはぎ取っていく音を聞いては、彼がこの同じ嵐に打たれ、折れたマストのてっぺん

る」（= errer sans s'arrêter）。392) **les Îles** : = les Antilles。カリブ海のアンティル諸島（バハマ諸島を除く西インド諸島）。393) **le voyait battu** : le = Victor。battu は battre の過去分詞。voir は「想像する、思い描く」。

— 79 —

Chapitre 3

corps en arrière[394], sous une nappe d'écume ; ou bien,
— souvenir de la géographie en estampes —, il était
mangé[395] par les sauvages, pris dans un bois par des
singes, se mourait[396] le long d'une plage déserte. Et
jamais[397] elle ne parlait de ses inquiétudes.

Mme Aubain en avait d'autres[398] sur sa fille.

Les bonnes sœurs[399] trouvaient qu'elle était affec-
tueuse, mais délicate. La moindre émotion l'énervait.
Il fallut abandonner le piano.

Sa mère exigeait du couvent une correspondance
réglée. Un matin que le facteur n'était pas venu, elle
s'impatienta ; et elle marchait dans la salle, de son
fauteuil à la fenêtre. C'était vraiment extraordinaire !
depuis quatre jours, pas de nouvelles[400] !

Pour qu'elle se consolât[401] par son exemple, Félicité
lui dit :

---

394) **tout le corps en arrière**：「全身をのけぞらせて」。様態
を示す状況補語。395) **il était mangé**：elle voyait que の内
容をさす。396) **se mourir**：「死にかけている」(= être sur le
point de mourir)。直説法現在・半過去でのみ用いる。397)
Et jamais：Et = mais。jamais は文頭で否定を強調する。

— 80 —

第3章

で大きく身をのけぞらせて、逆巻く波にのまれる姿をまざまざと目に浮かべた。あるいは、——あの絵入りの地理の本が思い出されて、——彼は野蛮人たちに食べられてしまったり、森のなかで猿どもにつかまったり、誰もいない浜辺で死にかけていたりするのだった。しかし、彼女はこうした心配を決して人に話すことはなかった。

オバン夫人も娘のことでいろいろと心配があった。

修道女たちの考えでは、ヴィルジニーは思いやりのあるやさしい子だが、感受性が強すぎるのだという。ほんのささいな感動でも神経が高ぶってしまう。ピアノはやめなくてはならなかった。

母親は修道院に、定期的に手紙を書かせるよう頼んでいた。ある朝、郵便配達夫がやって来ないというので、彼女はじりじりして、肘掛椅子から窓際へと部屋を歩き回った。まったくどう考えてもおかしなことだ！　4日も便りがないなんて！

フェリシテは、自分の例をお話すれば奥さまが慰められるだろうと思って言った。

---

398) **en avait d'autres**：= avait d'autres inquiétudes。399) **bonne sœur**：「修道女」(= religieuse)。400) **pas de nouvelles**：= il n'y avait pas de nouvelles。401) **se consolât**：pour que のあとは接続法となる。consolât は consoler の接続法半過去。

Chapitre 3

— « Moi, Madame, voilà[402] six mois que je n'en ai reçu !... »

— « De qui donc ?... »

La servante répliqua doucement :

— « Mais... de mon neveu ! »

— « Ah ! votre neveu ! » Et, haussant les épaules, Mme Aubain reprit sa promenade[403], ce qui voulait dire[404] : « Je n'y pensais pas !... Au surplus[405], je m'en moque ![406] un mousse, un gueux, belle affaire ![407]... tandis que[408] ma fille... Songez donc !... »

Félicité, bien que nourrie dans la rudesse[409], fut indignée contre Madame, puis oublia.

Il lui paraissait tout simple de perdre la tête[410] à l'occasion de[411] la petite.

---

402) **voilà + 期間 + que + ne ... (pas)**：「～しなくなってから…になる」。que 以下が複合時制の場合 pas を省ける。ex. Voilà deux ans que je ne l'ai vu. 「彼に会わなくなって2年になる」。403) **promenade**：ここでは部屋の中を歩き回ること。404) **ce qui voulait dire**：前文を受けて「そのことは～を意味していた」。405) **Au surplus**：「その上」。406) **je m'en moque !**：「そんなことはどうでもいいことだ！」（= ça m'est égal、ça m'indiffère）。en = de votre neveu。407) **belle affaire !**：「くだらないことだ！」（= peu importe）。beau は

— 82 —

第3章

「わたしなど、奥さま、便りをもらわなくなってもう半年でございますよ！」

「まあ、誰から？…」

女中は静かに答えた。

「もちろん…甥からでございます！」

「ああ、あなたの甥ね！」そう言うと肩をすくめ、オバン夫人はまた歩き始めた。それはまるで、「そんなこと考えもしなかったわ！　…それにわたしにはどうでもいいことよ！　見習い水夫なんかで、物乞いまでして、まったく結構なことだわ！　…そんなのと違ってうちの娘は…考えてもみてよ！…」とでも言いたいようであった。

フェリシテは、ひどい扱いを受けて育ったとはいえ、さすがに奥さまに腹を立てた。が、そのうちそれも忘れてしまった。

お嬢さまのこととなれば、冷静さを失うのはまったく当然と思われたのである。

反語的に「結構な、ご立派な」。408) **tandis que**：「一方で、それに対して」（対立）。409) **bien que nourrie dans la rudesse**：bien que ＋接続法「〜にもかかわらず」（= bien qu'elle eût été nourrie）。主語が主節と同じで動詞が être の場合は、主語および être は省略できる。la rudesse「荒々しさ、過酷さ」。410) **perdre la tête**：「冷静を失う、かっとなる」（= perdre son sang-froid）。411) **à l'occasion de**：「〜の場合に、〜のこととなると」。

— 83 —

Chapitre 3

Les deux enfants avaient une importance égale ; un lien de son cœur les unissait, et leurs destinées[412] devaient être la même.

Le pharmacien lui apprit que le bateau de Victor
5 était arrivé à la Havane[413]. Il avait lu ce renseignement dans une gazette[414].

A cause des cigares, elle imaginait la Havane un pays où l'on ne fait pas autre chose que de fumer, et Victor circulait parmi des nègres dans un nuage
10 de tabac[415]. Pouvait-on « en cas de besoin[416] » s'en retourner par terre ? A quelle distance était-ce de Pont-l'Évêque ? Pour le savoir, elle interrogea M. Bourais.

Il atteignit[417] son atlas, puis commença des expli-
15 cations sur les longitudes ; et il avait un beau sourire de cuistre[418] devant l'ahurissement de Félicité. Enfin, avec son porte-crayon[419], il indiqua dans les découpures d'une tache ovale un point noir, imperceptible,

---

412) **leurs destinées ...**：ヴィルジニーとヴィクトールが、今後同じような運命をたどることを暗示している。413) **la Havane**：現在のキューバの首都。カリブ海域で最大の貿易港。葉巻煙草の生産地として有名。414) **gazette**：＝ journal。415) **Victor circulait ... tabac**：自由間接話法。Félicité imaginait que を補って考える。416) **en cas de besoin**：「必

— 84 —

第3章

　このふたりの子供は、フェリシテにとってどちらも同じく大切な存在だった。彼女の心の糸がふたりをつないでおり、だからその運命も同じものであるはずだった。

　薬剤師が、ヴィクトールの船がハバナに着いたことを知らせてくれた。新聞で知ったのである。

　葉巻のせいで、彼女は、ハバナというのは煙草を吸うことしかしない国だと想像していた。ヴィクトールは、煙草の煙がたちこめる中で黒人のあいだを歩き回っているのだ。「もしもの時」には陸を通って帰ってくることができるのだろうか？　ポン゠レヴェックからどのくらい離れているのだろうか？　それを知るため、彼女はブレ氏に尋ねてみた。

　彼は地図帳を取り出し、それから経度についての説明を始めた。フェリシテが唖然としているのを前に、いかにも知ったかぶりらしい得意げな笑みを浮かべた。そしてようやく鉛筆ホルダーで、卵形のしみの、ぎざぎざのふちのところにある、見えるか見えないかの黒い点をさ

要な場合には」。417) **atteignit**：atteindre（「手に取る、つかむ」）の単純過去。418) **cuistre**：「生半可の知識をひけらかす人」（= pédant vaniteux et ridicule）。『ボヴァリー夫人』の薬剤師オメーがこの典型。419) **porte-crayon**：鉛の芯を挟む金属製の筒。

Chapitre 3

en ajoutant : « Voici. » Elle se pencha sur la carte ; ce réseau de lignes coloriées fatiguait sa vue, sans lui rien apprendre ; et Bourais l'invitant à[420] dire ce qui l'embarrassait, elle le pria de lui montrer la maison
5 où[421] demeurait Victor. Bourais leva les bras, il éternua, rit énormément ; une candeur pareille excitait[422] sa joie ; et Félicité n'en[423] comprenait pas le motif, — elle qui s'attendait peut-être à voir jusqu'au portrait de son neveu, tant[424] son intelligence était bornée[425] !
10 Ce fut quinze jours[426] après que Liébard, à l'heure du marché comme d'habitude[427], entra dans la cuisine, et lui remit une lettre qu'envoyait son beau-frère[428]. Ne sachant lire aucun des deux[429], elle eut recours à[430] sa maîtresse.
15 Mme Aubain, qui comptait les mailles d'un tricot, le posa près d'elle, décacheta la lettre, tressaillit, et, d'une voix basse, avec un regard profond :

— « C'est un malheur... qu'on vous annonce. Votre

---

420) **l'invitant à**：= inviter qn. à + inf.「～に～するよう促す」。ここでは現在分詞としてブレにかかる。原因を表す絶対分詞構文（= comme Bourais l'invitait ...）。421) **où**：以下は倒置。422) **excitait**：その前の単純過去 éternua、rit の原因を表す半過去。423) **en**：= de son rire。424) **tant**：「それほど」。原因を表す節を導く。425) **elle qui s'attendait ... bornée**：

— 86 —

第3章

して、「ここだ」と言った。彼女は地図の上に身をかが
めた。色のついた線の網目は目を疲れさせるだけで、何
も教えてはくれなかった。ブレが、困ったことがあれば
言ってごらんと言うので、ヴィクトールの住んでいる家
を教えてほしいと頼んだ。ブレは両手を上げて、くしゃ
みをすると、笑いこけた。そんな無邪気さが彼の喜びを
かき立てたのである。フェリシテは笑われている理由が
わからなかった。——たぶん彼女は甥の顔まで見えると
思い込んでいるのだ。それほど彼女の頭は狭いのだ！

　それから2週間がたち、リエバールがいつものように
市の立つ時刻に台所に入ってきて、彼女に義弟からの手
紙を渡した。ふたりとも字が読めないので、彼女は女主
人に助けを求めた。

　オバン夫人は編み物の目を数えていたが、それを脇に
置くと、手紙を開封して、思わず体を震わせた。そして
じっと深く見つめて、低い声でこう言った。

　「不幸なことを…知らせてきました。あなたの甥が…」

作者のコメント、またはブレの考えを表す自由間接話法。
426) **quinze jours**：「2週間」。427) **comme d'habitude**：
「いつものように」（= comme toujours）。428) **beau-frère**：
「義兄（弟）」。前述のナスタジー・バレットの夫。429) **Ne
sachant lire aucun des deux**：sachant は savoir の現在分
詞。原因を表す絶対分詞構文。aucun des deux「（ne と共に）ふ
たりのうちどちらも（〜ない）」（sachant lire の主語）。430)
avoir recours à：「〜の助けを求める、〜に訴える」。

Chapitre 3

neveu... »

Il était mort. On n'en[431] disait pas davantage.

Félicité tomba sur une chaise, en s'appuyant la tête à la cloison, et ferma ses paupières, qui devinrent[432] roses tout à coup. Puis, le front baissé, les mains pendantes, l'œil fixe[433], elle répétait par intervalles[434] :

— « Pauvre petit gars ! pauvre petit gars[435] ! »

Liébard la considérait en exhalant des soupirs. Mme Aubain tremblait un peu.

Elle lui proposa d'aller voir sa sœur, à Trouville.

Félicité répondit, par un geste, qu'elle n'en[436] avait pas besoin.

Il y eut un silence. Le bonhomme Liébard[437] jugea convenable de[438] se retirer.

Alors elle dit :

— « Ça ne leur fait rien, à eux[439] ! »

---

431) **en** : = de sa mort。432) **ferma ses paupières, qui devinrent ...** : 単純過去は継起した事柄の順に叙述するので、qui 以下の関係詞節を先に訳すことはできない。433) **le front ... fixe** : 様態を示す状況補語。434) **par intervalles** : 「時折、間をおいて」(= de temps à autre)。435) **gars** : [ga] garçon のくだけた表現。436) **en** : = d'aller voir sa sœur.

— 88 —

第3章

ヴィクトールが死んでしまったのだ。それ以上のこと
は書かれていない。

フェリシテは仕切り壁に頭をもたせかけたまま、椅子
の上にくずれ落ちた。まぶたを閉じると、見るまにまぶ
たが赤くなった。やがてうつむいて、両手を垂らし、一
点を見据えて、とぎれとぎれにくり返した。

「かわいそうな子！　かわいそうな子！」

リエバールはため息をつきながら彼女を見つめていた。
オバン夫人はかすかに震えていた。

夫人は、トゥルーヴィルに行って妹に会ってくるよう
勧めた。

フェリシテは身振りで、そんな必要はないと答えた。

みんな黙り込んでしまった。リエバール爺さんは、自
分は立ち去った方がよいと考えた。

そのとき、彼女が言った。

「あの人たちには、どうだっていいことなんです、あ
の人たちには！」

---

437) **Le bonhomme Liébard**：「リエバール爺さん」。リエ
バールは fermier なので Monsieur では呼ばない。438) **juger
convenable de + inf.**：「〜するのが適当だと判断する」。
439) **Ça ne leur fait rien, à eux**：Ça ne fait rien.「大したこ
とではない」（= peu importe）。à eux は前の leur を強める。
ヴィクトールの両親のこと。

Chapitre 3

Sa tête retomba ; et machinalement elle soulevait, de temps à autre[440], les longues aiguilles sur la table à ouvrage.

Des femmes passèrent dans la cour avec un bard d'où[441] dégouttelait du linge.

En les apercevant par les carreaux, elle se rappela sa lessive ; l'ayant coulée[442] la veille, il fallait aujourd'hui la rincer ; et elle sortit de l'appartement.

Sa planche et son tonneau étaient au bord de la Toucques. Elle jeta sur la berge un tas de chemises, retroussa ses manches, prit son battoir ; et les coups forts qu'elle donnait s'entendaient dans les autres jardins à côté[443]. Les prairies étaient vides, le vent agitait la rivière ; au fond, de grandes herbes s'y[444] penchaient, comme des chevelures de cadavres flottant dans l'eau. Elle retenait sa douleur, jusqu'au soir fut très brave ; mais, dans sa chambre, elle s'y[445] abandonna, à plat ventre sur son matelas, le visage dans l'oreiller, et les deux poings contre les tempes[446].

---

440) **de temps à autre**：「時々」。441) **d'où ...**：以下は倒置。平叙文に直すと Du linge dégouttelait d'un bard. dégoutteler「しずくが落ちる」(= goutter、dégoutter)。442) **couler**：=

— 90 —

第3章

　彼女はまた頭を落とした。そして時々機械的に、裁縫台の上にある長い針を拾い上げた。

　女たちが、洗濯物のしずくが滴る運び台を持って中庭を通り過ぎた。

　その姿を窓ガラス越しに見て、フェリシテは自分の洗濯物のことを思い出した。昨日煮洗いしておいたものを今日はすすがなければならない。彼女は部屋から出ていった。

　洗濯板と樽はトゥック川のほとりに置いてあった。フェリシテは土手の上に肌着の山を投げ出し、腕まくりをして、洗濯べらを握った。彼女が力を込めて洗い物をたたく音は、近隣の家の庭にも聞こえてきた。牧草地は人けもなく、風は川面を揺らしていた。川底では大きな水草が、まるで水中のあちこちに漂う死体の髪のようになびいている。彼女は悲痛な思いをこらえて、晩まではしっかりと気を張っていた。しかし部屋に帰ると、ベッドの上にうつ伏せになって、顔を枕にうずめ、両方のこぶしをこめかみに当てて、気のすむまで悲しみに身をまかせた。

---

couler la lessive「洗濯物を煮洗いする」。443) **à côté**：「近くに」。444) **y**：= au fond。445) **y**：= à sa douleur。446) **le visage ... les tempes**：様態を表す状況補語。

Chapitre 3

Beaucoup plus tard, par le capitaine de Victor lui-même, elle connut les circonstances de sa fin. On[447] l'avait trop saigné[448] à l'hôpital, pour la fièvre jaune[449]. Quatre médecins le tenaient[450] à la fois. Il était mort immédiatement, et le chef avait dit :

— « Bon ! encore un[451] ! »

Ses parents l'avaient toujours traité avec barbarie. Elle aima mieux ne pas les revoir ; et ils ne firent aucune avance[452], par oubli, ou endurcissement de misérables.

Virginie s'affaiblissait.

Des oppressions, de la toux, une fièvre continuelle et des marbrures aux pommettes décelaient quelque affection profonde. M. Poupart avait conseillé un séjour en Provence. Mme Aubain s'y décida[453], et eût tout de suite repris[454] sa fille à la maison, sans le climat de Pont-l'Évêque.

Elle fit un arrangement avec un loueur de voitures,

---

447) **On**：以下は船長の語った内容を表す自由間接話法。Le capitaine dit que を補って考える。448) **saigner**：「瀉血する」（＜ sang）。治療の目的で患者から一定量の血を抜き取ること。449) **fièvre jaune**：「黄熱病」。当時メキシコ湾付近で大流行した。450) **tenir**：「押さえつける、つかむ」。451) **un**：= un mort。452) **ne faire aucune avance**：「いかなる歩

— 92 —

第3章

　ずっとあとになって、ヴィクトールの船長からじかに、最期の状況を知ることができた。黄熱病にかかって、病院であまりにもたくさん血を抜かれたのだ。4人の医者が同時に押さえつけた。彼はあっという間に死んでしまい、院長はこう言った。

　「いやはや、またひとりか！」

　両親は彼をいつも手荒く扱ってきた。フェリシテは、もう会わない方がいいと思った。向こうでも忘れてしまったのか、貧乏人の頑なさからか、彼らが何か言ってくるようなことはまったくなかった。

　ヴィルジニーの体は弱っていった。

　呼吸が苦しく、咳が出て、熱も下がらず、頬に斑点ができるということは、何か隠れた病気のしるしだった。ププール氏はプロヴァンスでの保養を勧めていた。オバン夫人はそうしようと心を決めはしたが、ポン＝レヴェックがこんな気候でなかったら、ただちに娘を家に連れ戻したいところだった。

　夫人は貸馬車屋と取り決めをして、火曜日ごとに修道

み寄り（申し入れ）もしない」。453) **s'y décida**：se décider à「〜を決心する」。y = au séjour en Provence。気候のよい南仏で過ごすこと。454) **et eût tout de suite repris**：et = mais。eût repris は条件法過去として用いられる接続法大過去（条件法過去第二形）。sans 以下が条件節となっている。

Chapitre 3

qui la menait au couvent chaque mardi. Il y a[455] dans
le jardin une terrasse[456] d'où l'on découvre la Seine.
Virginie s'y promenait à son bras[457], sur les feuilles
de pampre tombées. Quelquefois le soleil traversant
5 les nuages la forçait à cligner ses paupières, pendant
qu'elle regardait les voiles au loin et tout l'horizon,
depuis le château de Tancarville[458] jusqu'aux phares
du Havre. Ensuite on se reposait sous la tonnelle[459].
Sa mère s'était procuré un petit fût d'excellent vin de
10 Malaga[460] ; et, riant à l'idée d'[461] être grise, elle en
buvait deux doigts[462], pas davantage.

　Ses forces reparurent. L'automne s'écoula douce-
ment. Félicité rassurait Mme Aubain. Mais, un soir
qu'elle avait été aux environs faire une course[463], elle
15 rencontra devant la porte le cabriolet de M. Poupart ;
et il était dans le vestibule. Mme Aubain nouait son
chapeau.

---

455) **Il y a ...**：通常は半過去。事物の恒常性を表す現在形。
456) **terrasse**：「築山、高台」。457) **s'y promenait à son
bras**：y = à la terrasse。à son bras「彼女（母親）の腕にもた
れて」。458) **Tancarville**：ル・アーヴルから内陸へ30 kmに
あるセーヌ右岸の町。459) **tonnelle**：植物で覆われたあずま
や。460) **Malaga**：スペインのアンダルシア地方にある地中
海沿岸の港。その周辺の山麓で生産される甘口でアルコール
度の強いワイン。強壮剤として虚弱な子供に飲ませた。461)

第 3 章

院まで連れていってもらうことにした。修道院の庭には
セーヌ川が見渡せる高台があった。ヴィルジニーは母親
の腕に寄りかかり、ぶどうの落ち葉を踏みながらそこを
散歩した。時々、雲間から差す太陽のまぶしさにまばた
きしながら、遠くに見える帆船や、タンカルヴィルの城
からル・アーヴルの灯台にかけての地平線全体を眺める
のだった。それから、ふたりは緑に覆われたあずまやで
休んだ。母親は上等なマラガワインの入った小さな樽を
手に入れておいた。ちょっと酔ってみると思うだけでお
かしくて、ヴィルジニーはほんの少しだけ飲んだが、そ
れ以上はやめておいた。

　ヴィルジニーの体力は回復した。秋は穏やかに過ぎて
いった。フェリシテは、もう心配ありませんとオバン夫
人に言った。ところが、用事で近くに出かけていたある
晩、帰ってくると門の前でプパール先生の二輪馬車に出
くわした。彼は玄関のところにいて、オバン夫人は帽子
のひもを結んでいた。

à l'idée de + inf.：「～すると考えると、～と思うと」。462)
en buvait deux doigts：en = du vin。deux doigts「ほんの少
し」（doigt = petite quantité）。ex. boire un doigt de vin「ご
く少量のワインを飲む」。463) **avait été aux environs faire
une course**：être は複合過去（または単純過去）で aller の意。
environs「（複数で）付近、近郊」。faire une course「おつか
い（用事）をする」。

Chapitre 3

— « Donnez-moi ma chaufferette, ma bourse, mes gants ; plus vite donc ! »

Virginie avait une fluxion de poitrine[464] ; c'était peut-être désespéré[465].

5 — « Pas encore ! » dit le médecin ; et tous deux montèrent dans la voiture, sous des flocons de neige qui tourbillonnaient. La nuit allait venir. Il faisait très froid.

Félicité se précipita dans l'église, pour allumer un 10 cierge. Puis elle courut après le cabriolet, qu'elle rejoignit une heure plus tard, sauta[466] légèrement par-derrière, où elle se tenait aux torsades, quand une réflexion lui vint[467] : « La cour n'était pas fermée ! si des voleurs s'introduisaient[468] ? » Et elle descendit.

15 Le lendemain, dès l'aube, elle se présenta chez le docteur. Il était rentré, et reparti à la campagne. Puis elle resta dans l'auberge, croyant que des inconnus apporteraient[469] une lettre. Enfin, au petit jour[470],

---

464) **fluxion de poitrine**：「肺炎」（= pneumonie）。465) **Virginie ... désespéré**：自由間接話法。Mme Aubain dit que を補って考える。466) **courut ... rejoignit ... sauta**：単純過去は、継起した事柄を時間的順序に従って次々に叙述する時制。ここではフェリシテの尋常ではない俊足と驚異的な敏捷さが強調されている。467) **vint**：「（考えが）浮かぶ」。venir の単

— 96 —

第3章

　「足温器とお財布と手袋を持ってきて。もっと急いで！」

　ヴィルジニーが肺炎になったのだ。もしかすると、もうだめかもしれない。

　「まだ大丈夫！」と医者は言った。そしてふたりは雪の降りしきるなか、馬車に乗り込んだ。夜はすぐそこまで迫っている。ひどい寒さだった。

　フェリシテは教会に駆けつけて、大ろうそくをあげた。それから馬車のあとを走って追いかけ、1時間後には追いついた。馬車の後ろに軽々と飛び乗ると、房紐につかまっていた。そのときふと、ある考えが頭をよぎった。「中庭が閉まっていなかった！　もし泥棒でも入ったら？」そして馬車を降りた。

　その翌日、夜明けとともに、彼女は医者のところに出かけた。彼は帰ってからまた田舎の方に出てしまっていた。それから、知らない誰かが手紙を持ってきてくれるかと思って宿屋にとどまっていた。しまいに、明け方に

純過去。468) **si des voleurs s'introduisaient**：「もし泥棒が入り込みでもしたら（どうしよう）」。si＋直説法半過去は、主節が省略された独立節で勧誘・願望・後悔・危惧などを示す。ex. Si seulement je pouvais la revoir encore !「せめて彼女にまた会うことができたなら！」。469) **apporteraient**：過去における未来を示す条件法現在。470) **au petit jour**：「夜明けに」。

— 97 —

Chapitre 3

elle prit la diligence de Lisieux[471].

Le couvent se trouvait au fond d'une ruelle escarpée. Vers le milieu, elle entendit des sons étranges, un glas[472] de mort. « C'est pour d'autres[473] », pensa-t-elle ; et Félicité tira violemment le marteau.

Au bout de plusieurs minutes, des savates se traînèrent, la porte s'entrebâilla, et une religieuse parut.

La bonne sœur avec un air de componction[474] dit qu'« elle venait de passer[475] ». En même temps, le glas de Saint-Léonard[476] edoublait.

Félicité parvint au second étage.

Dès le seuil de la chambre, elle aperçut Virginie étalée sur le dos, les mains jointes, la bouche ouverte, et la tête en arrière[477] sous une croix noire s'inclinant vers elle, entre les rideaux immobiles, moins pâles que sa figure[478]. Mme Aubain, au pied de la couche qu'elle tenait dans ses bras, poussait des hoquets d'agonie. La supérieure était debout, à droite. Trois chandeliers sur la commode faisaient des taches

---

471) **la diligence de Lisieux**：リジュー（ポン＝レヴェック から南へ 15km にある町）から来てオンフルールへ向かう乗 合馬車。472) **glas**：「弔鐘」。ex. ヘミングウェイ『誰がため に 鐘 は 鳴 る 』（*Pour qui sonne le glas*）。473) **d'autres**：＝ d'autres personnes。474) **un air de componction**：「（時に皮

— 98 —

第3章

なって、リジューからの乗合馬車に乗った。

　修道院は勾配の急な細い道の突き当りにあった。坂の途中で、聞きなれない音を耳にしたが、それは死者を弔う鐘だった。「これはほかの人のだ」と思った。そしてフェリシテは荒々しく玄関のノッカーを鳴らした。

　何分かたって、古靴をひきずる音が聞こえ、扉が細く開いてひとりの修道女が現れた。

　修道女は、いかにも厳粛そうな面持ちで、「つい先程お亡くなりになりました」と告げた。それと同時に、サン＝レオナール教会の弔鐘がいっそう高く鳴り響いた。

　フェリシテはやっと3階に上がった。

　部屋の敷居のところから、ヴィルジニーがあおむけに横たわっているのが見えた。両手を組み、口を開け、そらした頭の上には黒い十字架が遺体の方に傾いている。顔色は、両側にじっと垂れ下がるカーテンより蒼白く見えた。オバン夫人は、ベッドを抱きかかえるようにして、その足元で身も世もなくしゃくりあげていた。その右に修道院長が立っていた。箪笥（たんす）の上にある三つの燭台の灯が赤いしみとなって浮き出している。窓は霧で白くなっ

─────────────────

肉を伴って）深刻そうな様子」。475) **venait de passer**：venir de + inf.「〜したばかりである」（近接過去）。passer = mourir。476) **Saint-Léonard**：オンフルールにある教会。477) **la tête en arrière**：「頭をのけぞらせて」。478) **les mains ... sa figure**：様態を表す状況補語。

─ 99 ─

Chapitre 3

rouges, et le brouillard blanchissait les fenêtres. Des religieuses emportèrent Mme Aubain.

Pendant deux nuits, Félicité ne quitta pas la morte. Elle répétait[479] les mêmes prières, jetait de l'eau
5 bénite sur les draps, revenait s'asseoir, et la contemplait. A la fin de la première veille, elle remarqua que la figure avait jauni, les lèvres bleuirent, le nez se pinçait, les yeux s'enfonçaient. Elle les[480] baisa plusieurs fois ; et n'eût pas éprouvé un immense étonne-
10 ment si Virginie les eût rouverts[481] ; pour de pareilles âmes le surnaturel est tout simple[482]. Elle fit sa toilette[483], l'enveloppa de son linceul, la descendit dans sa bière, lui posa une couronne, étala ses cheveux. Ils étaient blonds, et extraordinaires de longueur à son
15 âge[484]. Félicité en coupa une grosse mèche, dont elle glissa la moitié dans sa poitrine, résolue à ne jamais s'en[485] dessaisir.

Le corps fut ramené à Pont-l'Évêque, suivant[486] les intentions de Mme Aubain, qui suivait le corbillard,
20 dans une voiture fermée.

---

479) **répétait** : 以下の半過去は ne quitta pas（単純過去）の
行為の説明。480) **les** : = les yeux。481) **n'eût pas éprouvé …
si Virginie les eût rouverts** : 条件法過去第二形は条件節にも
主節にも用いられる。si「たとえ～であっても」（譲歩）。

— 100 —

第3章

ていた。修道女たちがオバン夫人を部屋から連れ出した。

　二晩のあいだ、フェリシテは死者のもとを離れなかった。同じ祈りをくり返し、聖水をシーツに撒いては、また戻って腰を下ろし、じっと亡き人を見つめていた。最初の夜が明ける頃、顔が黄ばんで、唇は青くなり、鼻がとがり、目は落ち窪んできたのに気がついた。彼女はその目に何度も口づけをした。たとえヴィルジニーが再び目を開けたとしても、さほど驚きはしなかっただろう。このような心の持ち主にとって、超自然的なことはまったくあたりまえのことなのだから。彼女は体を清めてやり、屍衣に包んで柩に納め、花冠をかぶせて、髪を広げてやった。髪は金髪で、歳のわりに驚くほどの長さだった。フェリシテは大きく一房切って、その半分をそっと胸元にしまい込み、決して手放すまいと心に誓った。

　遺体はオバン夫人の意向に沿ってポン＝レヴェックに戻ることになった。夫人は閉め切った馬車に乗って、柩車のあとを進んだ。

―――――――――――――――――――――――

482) **pour ... tout simple**：語り手の介入。483) **faire sa toilette**：「身づくろいをする」。ここでは死者の体を清めること。484) **à son âge**：「年のわりに」。485) **en**：= des cheveux。486) **suivant**：「〜にしたがって」。

― 101 ―

Chapitre 3

Après la messe, il fallut encore trois quarts d'heure pour atteindre le cimetière. Paul marchait en tête[487] et sanglotait. M. Bourais était derrière, ensuite les principaux habitants, les femmes, couvertes de mantes noires, et Félicité. Elle songeait à son neveu, et, n'ayant pu lui rendre ces honneurs[488], avait un surcroît de tristesse, comme si on l'eût enterré avec l'autre[489].

Le désespoir de Mme Aubain fut illimité.

D'abord elle se révolta contre Dieu, le trouvant injuste de lui avoir pris sa fille[490], — elle[491] qui n'avait jamais fait le mal, et dont la conscience était si pure ! Mais non ! elle aurait dû l'emporter dans le Midi. D'autres docteurs l'auraient sauvée[492] ! Elle s'accusait, voulait la rejoindre, criait en détresse au milieu de ses rêves. Un[493], surtout, l'obsédait. Son mari, costumé comme un matelot, revenait d'un long voyage, et lui disait en pleurant qu'il avait reçu l'ordre d'emmener Virginie. Alors ils se concertaient pour

---

487) **en tête** :「先頭に」。488) **honneurs** :「（複数で）葬儀」（= honneurs funèbres）。489) **comme si on l'eût enterré avec l'autre** :「まるで〜のように」。主節と同時の時は半過去、主節に先行する時は大過去（条件法過去第二形）を用いる。l' = Victor。l'autre = Virginie。490) **le trouvant injuste de**

第3章

　ミサのあと、墓地に着くまでにさらに45分かかった。ポールが先頭を歩きながら、すすり泣いていた。ブレ氏はその後ろ、続いて町のおもだった住人たち、黒いマントをかぶった女たち、そしてフェリシテだった。彼女は甥のことを考えていた。彼をこんなふうに手厚く葬ってやれなかったので、今あたかも彼を一緒に埋葬するかのようで、いっそう悲しみが増した。

　オバン夫人の絶望は尽きることがなかった。

　初め、彼女は神に逆らった。自分から娘を奪い取ってしまうなんて道理に反するではないか。——あの子は今まで何も悪いことなどしなかったし、あんなに清らかな心を持っていたのに！　いいえ、そうじゃない！　自分が南仏に連れて行くべきだったのだ。ほかの医者ならあの子を助けてくれたかもしれない！　夫人はわが身を責め、娘のあとを追いたいと願い、夢のなかで苦しみに悶えて叫んだ。とりわけ、ひとつの夢がつきまとっていた。水夫のような格好をした夫が、長い航海から戻ってくる。そして、ヴィルジニーを連れてくるよう命じられてきた、と泣きながら言う。そこでふたりは、どこかに隠れ家を

---

lui avoir pris sa fille：le = Dieu。trouver qn. injuste de + inf.「〜が〜するのは不当だと思う」。prendre qn./qc. à qn. :「〜から〜を奪う」。lui = à Mme Aubain。491) **elle**：= sa fille。492) **aurait dû l'emporter、l'auraient sauvée**：条件法過去。dû は devoir の過去分詞。l' = sa fille。493) **Un**：= un rêve。

— 103 —

Chapitre 3

découvrir une cachette quelque part[494].

Une fois, elle rentra du jardin, bouleversée[495]. Tout à l'heure[496] (elle montrait l'endroit) le père et la fille lui étaient apparus[497] l'un auprès de l'autre, et ils ne faisaient rien ; ils la regardaient.

Pendant plusieurs mois, elle resta dans sa chambre, inerte[498]. Félicité la sermonnait doucement ; il fallait se conserver pour son fils, et pour l'autre, en souvenir « d'elle »[499].

— « Elle ? » reprenait Mme Aubain, comme se réveillant. « Ah ! oui !... oui !... Vous ne l'oubliez pas ! » Allusion au cimetière[500], qu'on lui avait scrupuleusement défendu.

Félicité tous les jours s'y[501] rendait.

A quatre heures précises[502], elle passait au bord des maisons, montait la côte, ouvrait la barrière, et arrivait devant la tombe de Virginie. C'était une petite colonne de marbre rose, avec une dalle dans le bas, et

---

494) **quelque part** :「どこかに」。495) **bouleversée** :様態を示す過去分詞。496) **Tout à l'heure** :「ついさっき」。以下 regardaient までは自由間接話法。Elle dit que を補う。497) **apparus** : apparaître の過去分詞。一般に助動詞に être をとる。498) **inerte** :形容詞の同格的用法。499) **et pour l'autre,**

— 104 —

第3章

見つけるため相談しているのである。

あるときのこと、夫人はすっかり動転して庭から戻ってきた。ついさっき（彼女はその場所をさした）夫と娘が並んで姿を現したのだ。彼らはただじっとしたまま、自分の方を見つめていた。

何か月ものあいだ、夫人は生気を失って部屋に閉じこもっていた。フェリシテはやさしく彼女に説き聞かせた。坊ちゃまのためにも、また旦那さまのためにも、「あの方」の思い出をお心にとめて、お体を大事になさらないといけません。

「あの方？」オバン夫人は目が覚めたようにくり返した。「ああ！　そうだわ！　…そうだったわ！　…あなたはあの子のことを忘れずにいてくれたのね！」これは墓地のことをさりげなく言っているのだ。夫人はまわりから、くれぐれもそこへ行かないように言われていた。

フェリシテは毎日墓地へ行った。

4時きっかりに、彼女は家並みに沿って行き、丘をのぼり、柵を開けて、ヴィルジニーの墓の前に着く。ばら色の大理石の小さな円柱で、台には平たい石が敷かれ、

---

en souvenir « d'elle »：l'autre = Monsieur Aubain。en souvenir de「～の思い出を心にとめて」（= pour garder le souvenir de）。500) **Allusion au cimetière**：= Elle faisait allusion au cimetière。501) **y**：= au cimetière。502) **A quatre heures précises**：「4時きっかりに」。

— 105 —

Chapitre 3

des chaînes autour enfermant un jardinet. Les plates-
bandes disparaissaient sous une couverture de fleurs.
Elle arrosait leurs feuilles, renouvelait le sable, se
mettait à genoux[503] pour mieux labourer la terre.
5 Mme Aubain, quand elle put y venir, en éprouva[504]
un soulagement, une espèce de consolation.

Puis des années s'écoulèrent, toutes pareilles et
sans autres épisodes que[505] le retour des grandes
fêtes : Pâques, l'Assomption, la Toussaint. Des
10 événements intérieurs faisaient une date, où l'on se
reportait[506] plus tard. Ainsi, en 1825, deux vitriers
badigeonnèrent le vestibule ; en 1827, une portion du
toit, tombant dans la cour, faillit tuer un homme. L'été
de 1828, ce fut à Madame d'offrir le pain bénit[507] ;
15 Bourais, vers cette époque, s'absenta mystérieuse-
ment ; et les anciennes connaissances peu à peu s'en
allèrent[508] : Guyot, Liébard, Mme Lechaptois, Robe-
lin, l'oncle Gremanville, paralysé depuis longtemps.

---

503) **se mettre à genoux**：「ひざまずく」。504) **quand elle
put y venir, en éprouva ...**：y = au cimetière。en「それ（墓
に来られるようになったこと）によって」(= de cela、à cause
de cela)。505) **sans autre ... que ~**：「～以外には他の…もな
しに」。506) **se reporter (à)**：「参照する」。507) **ce fut à
Madame d'offrir le pain bénit**：c'est à qn. de + inf.「～する

第3章

まわりの小さな庭には鎖がめぐらしてある。花壇は一面
の花に覆われていた。彼女はその葉に水をやり、砂を取
り替え、膝をついて土をよくかき混ぜた。オバン夫人は、
やっとそこに来られるようになったとき、これまでの苦
痛が和らぎ、一種の慰めを感じた。

　それから何年もが流れた。毎年代わり映えせず、復活
祭や聖母被昇天祭、諸聖人の祝日といった大きな祝日が
めぐってくる以外、これといった話題もなかった。家の
中の出来事が暦の代わりとなり、あとで、それはいつい
つのことだったと思い出す目安になった。たとえば、
1825 年には、ふたりのガラス屋が玄関の壁を塗り替え
た。1827 年に屋根の一部が庭に落下して、あわやひと
りが死ぬところだった。1828 年の夏には、祝別された
パンを配る役が奥さまに回ってきた。ブレはこの頃、不
思議と姿を見せなくなった。昔からの知り合いは、だん
だんとこの世を去っていった。ギュヨ、リエバール、ル
シャプトワ夫人、ロブラン、久しく中風を患っていたグ
ルマンヴィルおじがそうだった。

のは〜の番である」。pain bénit「祝別されたパン」。ミサが
終わると、司祭によって祝別されたパンを、教区の女性が持
ち回りで参列者に配る。508) **les anciennes connaissances
peu à peu s'en allèrent**：connaissances「知り合い」。peu à
peu「少しずつ」。s'en aller = mourir.

— 107 —

Chapitre 3

Une nuit, le conducteur de la malle-poste annonça
dans Pont-l'Évêque la Révolution de juillet[509]. Un
sous-préfet nouveau, peu de jours après, fut nommé :
le baron de Larsonnière, ex-consul en Amérique, et
5 qui avait chez lui, outre sa femme, sa belle-sœur avec
trois demoiselles, assez grandes déjà. On les aperce-
vait sur leur gazon, habillées de blouses flottantes ;
elles possédaient un nègre et un perroquet. Mme
Aubain eut leur visite, et ne manqua pas de la
10 rendre[510]. Du plus loin qu'[511] elles paraissaient, Féli-
cité accourait pour la prévenir. Mais une chose était
seule capable de l'émouvoir, les lettres de son fils.

Il ne pouvait suivre aucune carrière, étant absorbé
dans les estaminets[512]. Elle lui payait ses dettes ; il
15 en[513] refaisait d'autres ; et les soupirs que poussait
Mme Aubain, en tricotant près de la fenêtre, arri-
vaient à Félicité, qui tournait son rouet dans la cui-
sine.

Elles se promenaient ensemble le long de l'espalier ;
20 et causaient toujours de Virginie, se demandant si

---

509) **Révolution de juillet**：「七月革命」（1830 年 7 月）。こ
れにより 1814 年以来の復古王政は打倒され、「市民の王」ル
イ・フィリップが王位に就くことで、ブルジョワジーを基盤
とする七月王政が成立した。510) **ne manqua pas de la**

— 108 —

第3章

　ある夜、郵便馬車の御者がポン＝レヴェックに七月革命が起こったことを知らせた。数日後、新しい郡長が任命された。元アメリカ領事ラルソニエール男爵で、家には夫人のほか、義妹と、もうかなりいい歳の３人の娘がいた。ひらひらしたブラウスを着て、芝生にいる彼女たちの姿が目にとまった。黒人がひとり、鸚鵡が一羽いる。オバン夫人は一家の訪問を受け、その返礼に自分の方からも訪ねていくのを怠らなかった。彼女たちの姿が見えるとすぐ、フェリシテは奥さまに知らせようと駆けつけた。しかし、たったひとつオバン夫人の心を動かせるのは、息子からの便りだった。

　ポールはいかなる職にも就くことができず、酒場に入り浸っていた。母親が借金を肩代わりしてやると、また別の借金をつくった。窓際で編み物をしながらオバン夫人のつくため息が、台所で糸車を回しているフェリシテのところまで聞こえてきた。

　ふたりは一緒に果樹の垣根に沿って散歩をした。そしていつもヴィルジニーの話になった。こんなことはあの子の気に入ったかしら、こんなときはきっとこう言うの

---

rendre：ne pas manquer de + inf.「間違いなく〜する」。la = la visite。511) **Du plus loin que + 直説法**：「〜するや否や」。512) **estaminet**：主に北フランスに見られた大衆的な酒場、カフェ。513) **en**：= d'autres dettes。

— 109 —

Chapitre 3

telle chose lui aurait plu, en telle occasion ce qu'elle
eût dit[514] probablement.

Toutes ses petites affaires occupaient un placard
dans la chambre à deux lits. Mme Aubain les inspec-
tait le moins souvent possible[515]. Un jour d'été, elle se
résigna ; et des papillons s'envolèrent de l'armoire.

Ses robes étaient en ligne[516] sous une planche où il
y avait trois poupées, des cerceaux, un ménage[517], la
cuvette qui lui servait. Elles retirèrent également les
jupons, les bas, les mouchoirs, et les étendirent sur
les deux couches, avant de les replier. Le soleil éclai-
rait ces pauvres objets, en[518] faisait voir les taches, et
des plis formés par les mouvements du corps. L'air
était chaud et bleu, un merle gazouillait, tout semblait
vivre dans une douceur profonde. Elles retrouvèrent
un petit chapeau de peluche[519], à longs poils, couleur
marron ; mais il était tout mangé de vermine. Félicité
le réclama pour elle-même. Leurs yeux se fixèrent
l'une sur l'autre, s'emplirent de larmes ; enfin la maî-
tresse ouvrit ses bras, la servante s'y jeta[520] ; et elles

514) **aurait plu ... eût dit**：前半は条件法過去。plu は plaire
の過去分詞。後半の eût dit は条件法過去第二形。もしヴィ
ルジニーが生きていたらという条件が省略されている。515)
le moins souvent possible：「ごくたまにしか」。516) **en**

— 110 —

第 3 章

ではないかしら、と互いに語りあった。

　ヴィルジニーのこまごまとした身の回りの品は全部、二つのベッドがあるあの部屋のクローゼットにしまってあった。オバン夫人はできるだけその中を見ないようにしていた。ある夏の日、思い切って調べてみた。すると箪笥の中から蛾が数匹飛び出した。

　彼女の服が並べて吊るしてある棚の上には、人形が三つと投げ輪、ままごと道具、いつも使っていた洗面器が載せてあった。ふたりは同じように、スカートや靴下、ハンカチを取り出し、二つのベッドに広げてみては、またそれをたたみ直した。太陽の光がこのあわれな品々を照らして、しみや、体の動きでついたしわを浮かび上がらせた。大気は暑く、青々として、つぐみが一羽さえずっている。すべてが深い平穏のなかに生きているかのようだった。ふたりは、毛足の長い栗色のビロード生地の小さな帽子を見つけた。しかし、それはすっかり虫に食われていた。フェリシテはそれを自分にいただきたいと申し出た。ふたりの目はじっと見つめあい、涙でいっぱいになった。とうとう女主人が両腕を広げると、女中はそ

---

ligne：「一列に」。517) **un ménage**：「ままごと道具」。518) **en**：= de ces objets。519) **peluche**：「プラッシュ」。ビロードの一種で毛足が長く光沢のある生地。520) **s'y jeta**：= se jeter dans ses bras。

— 111 —

Chapitre 3

s'étreignirent, satisfaisant leur douleur[521] dans un baiser qui les égalisait.

C'était la première fois de leur vie, Mme Aubain n'étant pas d'une nature expansive. Félicité lui en[522] fut reconnaissante comme d'un bienfait, et désormais la chérit avec un dévouement bestial[523] et une vénération religieuse.

La bonté de son cœur se développa.

Quand elle entendait dans la rue les tambours d'un régiment en marche[524], elle se mettait devant la porte avec une cruche de cidre, et offrait à boire aux soldats. Elle soigna des cholériques[525]. Elle protégeait les Polonais[526], et même il y en[527] eut un qui déclarait la vouloir épouser. Mais ils se fâchèrent ; car un matin, en rentrant de l'angélus[528], elle le trouva dans sa cuisine, où il s'était introduit, et accommodé une vinaigrette[529] qu'il mangeait tranquillement.

---

521) **satisfaire leur douleur**：「互いの苦しみの赴くままにする」。522) **en**：= de cet événement。523) **bestial**：フェリシテの動物的な献身は、『ボヴァリー夫人』の中の、農事共進会における老婆カトリーヌ・ルルーを想起させる。勤続半世紀を表彰されるこの老農婦も、周囲から馬鹿者（bête）とみなされている。献身的奉仕と愚かさ、そして宗教性（聖性）といった特徴は両者に共通している。524) **en marche**：「行進中の」。525) **cholériques**：1832 年にフランスでコレラの

第 3 章

こに身を投げた。ふたりはかたく抱き合って、身分の違いをこえた接吻のうちに、心ゆくまでお互いの苦しみを感じあった。

オバン夫人は胸中をあからさまにするたちではなかったので、それはふたりの人生で初めてのことだった。フェリシテはお恵みでもいただいたように感謝し、それからは、動物的な献身と宗教的な崇敬の念によって彼女を愛するのだった。

フェリシテの善なる心はますます広がった。

通りを行進する連隊の太鼓の音が聞こえると、シードルの甕を持って戸口に立ち、兵隊たちに飲ませてやった。コレラ患者の看病もした。亡命したポーランド人たちを世話したこともある。その中には彼女と結婚したいと言う者までいた。しかし仲たがいしてしまった。ある朝、アンジェラスの祈りから戻ると、その男が台所に入り込んで、ドレッシングあえの肉料理を作って平然と食べていたからだった。

大流行があった。526) **les Polonais**：1830 年のロシアに対する反乱の失敗後、数多くのポーランド人がフランスに亡命した。527) **en**：= des Polonais。528) **l'angélus**：「アンジェラス、お告げの祈り」。聖母マリアの受胎告知を記念する祈り。朝・昼・夕に鐘を鳴らし、特に夕方の鐘（晩鐘）は民衆の生活に深く根づいていた。ex. ミレー『晩鐘』(*L'Angélus*)。529) **vinaigrette**：「フレンチドレッシングであえた肉」。

Chapitre 3

Après les Polonais, ce fut le père Colmiche, un vieillard passant pour avoir fait des horreurs en 93[530]. Il vivait au bord de la rivière, dans les décombres d'une porcherie. Les gamins le regardaient par les
5 fentes du mur, et lui jetaient des cailloux qui tombaient sur son grabat, où il gisait, continuellement secoué par un catarrhe, avec des cheveux très longs, les paupières enflammées, et au bras une tumeur plus grosse que sa tête. Elle lui procura du linge, tâcha de
10 nettoyer son bouge, rêvait à[531] l'établir dans le fournil, sans qu'[532] il gênât Madame. Quand le cancer[533] eut crevé, elle le pansa tous les jours, quelquefois lui apportait de la galette, le plaçait au soleil sur une botte de paille ; et le pauvre vieux, en bavant et en
15 tremblant, la remerciait de sa voix éteinte, craignait de la perdre, allongeait les mains dès qu'il la voyait s'éloigner. Il mourut ; elle fit dire une messe pour le repos de son âme.

---

530) **93**：1793 年。フランス革命中の恐怖政治の時代。国王
ルイ 16 世と王妃マリー・アントワネットが処刑された年。
ロベスピエール率いるジャコバン派が次々に反革命派の粛清

第 3 章

　ポーランド人のあとは、コルミッシュ爺さんだった。
93 年の恐怖政治の時代には残虐なこともしたというう
わさのある老人だった。川べりの壊れた豚小屋の跡に住
んでいた。腕白どもが壁の隙間からのぞき込んで、石を
投げると、それが粗末なベッドの上に落ちた。彼はここ
に寝ていて、カタルでひっきりなしに咳込んでいた。髪
は伸び放題で、まぶたは腫れて赤くなり、腕には頭より
も大きな腫瘍ができていた。フェリシテは下着を手に入
れてやり、汚れたあばら家をなんとか掃除しようとした。
もし奥さまがご迷惑でなければ、家のパン焼き場に置い
てやろうなどと考えた。腫瘍がつぶれると、毎日包帯を
替えてやり、時折、ガレットを持っていき、わら束の上
で日向ぼっこをさせてやった。あわれな老人はよだれを
垂らし、体を震わせて、消え入るような声で礼を言った。
彼女がいなくなるのを恐れて、そばを離れるのを見ると
両手を伸ばすのだった。彼も死んでしまった。フェリシ
テは彼の魂の安息のためにミサをあげてもらった。

───────────────────────────

を行った。531) **rêver à + inf.**：「～することを思い巡らす」。
532) **sans que ＋ 接続法**：「～することなしに」。533) **can-
cer**：「（膿をもった）腫れ物」。

― 115 ―

Chapitre 3

Ce jour-là, il lui advint[534] un grand bonheur : au moment du dîner, le nègre[535] de Mme de Larsonnière se présenta, tenant le perroquet dans sa cage, avec le bâton, la chaîne et le cadenas. Un billet de la baronne annonçait à Mme Aubain que, son mari étant élevé à une préfecture, ils partaient[536] le soir ; et elle la priait d'accepter cet oiseau, comme un souvenir, et en témoignage de[537] ses respects.

Il occupait depuis longtemps l'imagination de Félicité, car il venait d'Amérique, et ce mot lui rappelait Victor, si bien qu'elle s'en informait auprès du[538] nègre. Une fois même elle avait dit : — « C'est Madame qui serait[539] heureuse de l'avoir ! »

Le nègre avait redit le propos à sa maîtresse, qui, ne pouvant l'emmener, s'en débarrassait[540] de cette façon.

---

534) **il lui advint**：非人称構文。advenir の意味上の主語は un grand bonheur。535) **nègre**：奴隷制はフランス革命期に一旦廃止されるが、ナポレオンにより復活した。最終的な廃止は 1848 年。536) **partaient**：過去における未来を表す。通常は条件法現在だが、確実性が高い事柄については半過去が用いられる。537) **en témoignage de**：「～のしるしに」。

— 116 —

第3章

　その日、彼女に大きな幸運が訪れた。夕食のときに、ラルソニエール夫人の使っている黒人が、あの鸚鵡をかごに入れてやって来たのだ。止まり木と、鎖と、南京錠もついている。オバン夫人に宛てた男爵夫人の手紙によれば、夫が知事に昇進したので、一家は今夜出発するのだという。そこで思い出の品として、また敬意のしるしに、この鳥を受け取っていただきたいとあった。

　この鳥はずっと前からフェリシテの頭に住みついていた。というのはアメリカから来た鳥だからである。このアメリカという言葉はヴィクトールを思い出させた。そこで黒人に鸚鵡についていろいろと尋ねてみた。あるときなどは、こんなことまで口にしたのだった。「あの鳥がいたら、奥さまはどんなにかお喜びになるでしょう！」

　黒人はこの言葉を自分の女主人に伝えていた。鸚鵡を連れていくことができない男爵夫人は、こんなふうにして都合よく手放すことができたのだった。

---

538) **s'en informait auprès du**：s'informer de ... auprès de 「〜に対して…を問い合わせる」。en = du perroquet。539) **serait**：条件法現在。de l'avoir が条件となっている。540) **s'en débarrassait**：se débarrasser de 「〜を処分する」。en = du perroquet。

— 117 —

IV

Il s'appelait Loulou. Son corps était vert, le bout de ses ailes rose, son front bleu, et sa gorge dorée.

Mais il avait la fatigante manie de[541] mordre son bâton, s'arrachait les plumes, éparpillait ses ordures, répandait l'eau de sa baignoire ; Mme Aubain, qu'il ennuyait, le donna pour toujours[542] à Félicité.

Elle entreprit de[543] l'instruire ; bientôt il répéta : « Charmant garçon ! Serviteur, monsieur[544] ! Je vous salue, Marie ![545] » Il était placé auprès de la porte, et plusieurs s'étonnaient qu'il ne répondît[546] pas au nom de Jacquot, puisque tous les perroquets s'appellent Jacquot. On le comparait à une dinde, à une bûche : autant de[547] coups de poignard pour Félicité ! Étrange obstination de Loulou, ne parlant plus du moment qu'[548] on le regardait !

Néanmoins il recherchait la compagnie ; car le dimanche, pendant que *ces*[549] demoiselles Roche-feuille, M. de Houppeville et de nouveaux habitués :

---

541) **avoir la manie de + inf.** :「〜する癖がある」。542) **pour toujours** :「永久に」。543) **entreprendre de + inf.** :「〜しようと企てる」。544) **Serviteur, monsieur** :「かしこまりました、旦那さま」。545) **Je vous salue, Marie !** :「めでた

— 118 —

IV

　鸚鵡の名前はルルといった。体は緑、翼の先はばら色、額は青、胸のところは金色だった。

　しかし止まり木をしつこくかじる癖があり、羽をむしったり、糞を撒き散らしたり、水桶の水をはね飛ばしたりした。オバン夫人はこりごりして、以来フェリシテにやってしまった。

　彼女は鸚鵡を教え込もうとした。やがて鸚鵡は「カワイイボッチャマ！　カシコマリマシタ！　アヴェ・マリア！」とくり返すようになった。戸口のそばに置かれていたが、ジャコと呼んでも返事をしないので変だと首をかしげる人も多かった。鸚鵡はどれもジャコと名前が決まっているからである。まぬけだの、うすのろだのと言われ、そのたびにフェリシテは胸を突き刺される思いだった！　ルルには奇妙な頑固さがあって、人に見られるとしゃべろうとしなくなるのだ！

　それでも誰か相手をほしがった。というのは日曜日ごとに、ロシュフイユのお嬢さま方やド・ウップヴィル氏、

しマリア、アヴェ・マリア」。546) **répondît**：répondre の接続法半過去（s'étonner que + 接続法）。547) **autant de + 無冠詞名詞**：「どれもが〜、ことごとく〜」。548) **du moment que**：「〜や否や」。549) *ces*：→注343。

— 119 —

Chapitre 4

Onfroy l'apothicaire, M. Varin et le capitaine
Mathieu, faisaient leur partie de cartes[550], il cognait
les vitres avec ses ailes, et se démenait si furieuse-
ment qu'il était impossible de s'entendre.

5　La figure de Bourais, sans doute, lui paraissait très
drôle. Dès qu'[551] il l'apercevait, il commençait à rire,
à rire de toutes ses forces[552]. Les éclats de sa voix
bondissaient dans la cour, l'écho les répétait, les voi-
sins se mettaient à leurs fenêtres, riaient aussi ; et,
10　pour n'être pas vu du perroquet, M. Bourais se cou-
lait le long du mur, en dissimulant son profil avec son
chapeau, atteignait la rivière, puis entrait par la porte
du jardin ; et les regards qu'il envoyait à l'oiseau
manquaient de tendresse.

15　Loulou avait reçu du garçon boucher une chique-
naude, s'étant permis d'[553] enfoncer la tête dans sa
corbeille ; et depuis lors[554] il tâchait toujours de le
pincer à travers sa chemise. Fabu menaçait de lui
tordre le cou, bien qu'il ne fût pas cruel, malgré le
20　tatouage de ses bras et ses gros favoris. Au contraire !
il avait plutôt du penchant pour[555] le perroquet,
jusqu'à vouloir, par humeur joviale, lui apprendre des

---

550) **partie de cartes**：「トランプ遊び」。551) **Dès que ~**：

第4章

それに新入りの常連では、薬剤師オンフロワ、ヴァラン氏やマチュー船長たちがトランプをしていると、ルルは翼で窓ガラスをたたき、狂ったように暴れ回るので、お互いの話も聞き取れないほどだった。

さぞかしブレの顔がおかしく見えるのだろう。彼を見るとたちまち笑い始め、あらん限りの力で笑うのである。けたたましい笑い声が中庭まで響きわたり、こだまがくり返されるので、近所の人たちも窓のところに出て、つられて笑った。そこでブレ氏は、鸚鵡に見られないように帽子で顔を隠しながら、壁に沿ってこっそり通り、川まで出て、それから庭の入口から入ってくる。そんなわけで、彼が鳥を見る目にはやさしさがなかった。

ルルは以前、肉屋の小僧のかごに勝手に頭を突っ込んで、指ではじかれたことがあった。それ以来いつも、彼をシャツの上からつつこうとする。ファビュは、首ねっこをひねるぞとおどかす。彼は、両腕に入れ墨をして濃い頬ひげをたくわえてはいるものの、残酷な人間ではなかった。とんでもない！　むしろ鸚鵡が気に入っていて、からかい半分に悪たれ口を教えたがるほどだった。そう

「〜するとすぐ」。552) **de toutes ses forces**：「全力で」。553) **se permettre de + inf.**：「あえて〜する」。554) **depuis lors**：「それ以来」。555) **avoir du penchant pour**：「〜に対して好感を抱いている」。

— 121 —

Chapitre 4

jurons. Félicité, que ces manières effrayaient, le plaça
dans la cuisine. Sa chaînette fut retirée, et il circulait
par la maison.

Quand il descendait l'escalier, il appuyait sur les
marches la courbe de son bec, levait la patte droite,
puis la gauche ; et elle avait peur qu'[556)] une telle
gymnastique ne lui causât des étourdissements. Il
devint malade, ne pouvait plus parler ni manger.
C'était sous sa langue une épaisseur, comme en[557)]
ont les poules quelquefois. Elle le guérit, en arrachant
cette pellicule avec ses ongles. M. Paul, un jour, eut
l'imprudence de[558)] lui souffler aux narines la fumée
d'un cigare ; une autre fois que[559)] Mme Lormeau
l'agaçait du bout de son ombrelle, il en[560)] happa la
virole ; enfin, il se perdit.

Elle l'avait posé sur l'herbe pour le rafraîchir,
s'absenta une minute ; et, quand elle revint, plus de
perroquet[561)] ! D'abord elle le chercha dans les buis-
sons, au bord de l'eau et sur les toits, sans écouter sa
maîtresse qui lui criait : — « Prenez donc garde !
vous êtes folle ! » Ensuite elle inspecta tous les jar-

---

556) **avoir peur que (ne)** ＋接続法：「～しないかと心配する」
（ne は虚字）。557) **en**：épaisseur をさす。558) **avoir l'im-**

— 122 —

第 4 章

したことを恐れて、フェリシテはルルを台所に置いた。
鎖が外されて、鳥は家中を動き回った。

　階段を降りるとき、ルルはくちばしの先の曲がったと
ころを段に掛けて、まず右足を、次に左足を上げる。こ
んな曲芸まがいのことをしてめまいを起こさないかと
フェリシテは心配した。ルルが病気になり、しゃべるこ
とも食べることもできなくなった。鶏が時々そうなるよ
うに、舌の裏に腫れものができていた。彼女は爪でその
薄皮をはぎ取って治してやった。ある日ポールさまが、
ルルの鼻の穴に葉巻の煙を吹きつけるという無茶なこと
をした。またあるときは、ロルモー夫人が日傘の先でじ
らしていたら、石突きをぱくりとくわえ取ってしまった。
そしてとうとう姿をくらませた。

　外の空気にあててやろうと、フェリシテはルルを草の
上に置いて、ちょっとその場を離れたのだ。戻ってくる
と、もう鸚鵡はいない！　彼女はまず茂みの中、水辺、
そして屋根の上まで探し回った。「気をつけなさいよ！
あんまり無茶だわ！」と女主人が叫ぶのも聞かずに。次

---

prudence de + inf.：「軽率にも〜する」。559）**une autre fois
que**：「また別のときに」。que は時を示す接続詞 quand に相
当する。560）**en**：= de l'ombrelle。561）**plus de perroquet**：
前に il n'y avais を補う。

— 123 —

Chapitre 4

dins de Pont-l'Évêque ; et elle arrêtait les passants. —
« Vous n'auriez pas vu[562], quelquefois, par hasard[563],
mon perroquet ? » A ceux qui ne connaissaient pas le
perroquet, elle en[564] faisait la description. Tout à
5 coup, elle crut[565] distinguer derrière les moulins, au
bas de la côte, une chose verte qui voltigeait. Mais au
haut de la côte, rien ! Un porte-balle[566] lui affirma
qu'il l'avait rencontré tout à l'heure, à Saint-Melaine,
dans la boutique de la mère Simon. Elle y courut. On
10 ne savait pas ce qu'elle voulait dire. Enfin elle rentra,
épuisée, les savates en lambeaux, la mort dans
l'âme[567] ; et, assise au milieu du banc, près de
Madame, elle racontait toutes ses démarches, quand
un poids leger lui[568] tomba sur l'épaule, Loulou ! Que
15 diable[569] avait-il fait ? Peut-être qu'[570] il s'était pro-
mené aux environs !

Elle eut du mal à[571] s'en remettre, ou plutôt ne
s'en[572] remit jamais.

---

562) **n'auriez pas vu**：条件法過去。ここは否定ではなく、「そ
んなわけがない」という憤慨、驚きなどの感情を含む反語的
表現。563) **par hasard**：「偶然に、もしや」。564) **en**：= du
perroquet。565) **croire + inf.**：「～のような気がする」。566)
porte-balle：「行商人」（= colporteur）。567) **(avoir) la mort**

— 124 —

第4章

にポン＝レヴェックの庭という庭を調べ回った。通行人を呼び止めては、こう尋ねた。「もしかして、どこかで、わたしの鸚鵡を見かけませんでしたか？」ルルを知らない人には、その姿をこと細かに説明してみせた。突然、丘のふもとの水車小屋の後ろに、なにか緑色のものが飛んでいるのを見たように思った。しかし丘の上に行ってみると、なにもいない！　ひとりの行商人が、ついさっきサン＝ムレーヌのシモンのおかみさんの店で、たしかにそいつに出くわしたと言う。フェリシテはそこへ走った。相手は彼女が何を言いたいのかさっぱりわからない。しまいに彼女は、疲れ果て、古靴をぼろぼろにして、すっかり沈み込んで帰宅した。そして庭のベンチの真ん中で奥さまのそばに腰かけて、駆けずり回った顛末を話していたそのとき、なにかがふわりと肩に落ちてきた。ルルだ！　一体今まで何をしていたの？　たぶん近所を散歩でもしていたんでしょうよ！

　彼女はこの心労から、なかなか立ち直ることができなかった。というより、二度と立ち直ることはなかったのである。

---

dans l'âme：「悲嘆に暮れる」。568) **lui**：l'épaule の所有者フェリシテをさす。569) **diable**：間投詞。疑問詞 que の強調。驚きや憤慨を示す。570) **Peut-être que**：「たぶん〜だろう」。571) **avoir du mal à + inf.**：「〜するのに苦労する」。572) **en**：= de cet événement。

— 125 —

Chapitre 4

Par suite d'[573] un refroidissement, il lui vint[574] une angine ; peu de temps après, un mal d'oreilles. Trois ans plus tard, elle était sourde ; et elle parlait très haut, même à l'église. Bien que ses péchés auraient
5 pu[575] sans déshonneur pour elle, ni inconvénient pour le monde, se répandre à tous les coins du diosèse, M. le curé jugea convenable de ne plus recevoir sa confession que[576] dans la sacristie.

Des bourdonnements illusoires achevaient de[577] la
10 troubler. Souvent sa maîtresse lui disait : — « Mon Dieu ![578] comme vous êtes bête ! » ; elle répliquait : — « Oui, Madame », en cherchant quelque chose autour d'elle.

Le petit cercle de ses idées se retrécit encore, et le
15 carillon des cloches, le mugissement des bœufs, n'existaient plus. Tous les êtres fonctionnaient avec le silence des fantômes. Un seul bruit arrivait maintenant à ses oreilles, la voix du perroquet.

---

573) **Par suite de**：「～の結果、～のために」。574) **il lui vint**：非人称構文。意味上の主語は une angine。575) **auraient pu**：通常 bien que は接続法をとるので、eussent pu（接続法大過去）となるべきであるが、ここでは語り手の介入を避け司祭の発話内容を自由間接話法で表すため、条件

第4章

　寒気がして、喉の炎症を起こした。ほどなく耳の病気にかかった。それから3年後、すっかり聞こえなくなった。教会にいるときも、大きな声で話すようになった。フェリシテが告白する罪など、教区の隅々に知れわたったとしても、本人にとって名誉を損なうようなことはなく、人々にとっても不都合なことはなかったが、それでも司祭さまは、今後彼女の告解を聴くのは香部屋だけにした方がよいと考えた。

　耳鳴りによる錯覚で、すっかり混乱をきたすようになった。女主人はたびたびこう言った。「おやまあ！あなたはなんて馬鹿なんでしょう！」すると彼女は答える。「はい、奥さま」そしてまわりにある何かを探そうとするのだった。

　フェリシテの狭い思考の環はいっそう狭まっていった。教会の鐘の音も、牛の鳴き声も、彼女にはもう存在しなかった。何もかもが幽霊のように音もなく動いている。彼女の耳に唯一聞こえてくる音といえば、今では鸚鵡の声だけだった。

法過去が代用されている（= Le curé, qui se disait que ses péchés auraient pu ...）。576) **ne plus ～ que ...**：「もはや…しか～ない」。577) **achever de + inf.**：「決定的に～させる」。578) **Mon Dieu !**：「おやまあ、いやはや」（間投詞）。

Chapitre 4

Comme pour la distraire, il reproduisait le tic-tac
du tournebroche, l'appel aigu d'un vendeur de pois-
son, la scie du menuisier qui logeait en face ; et, aux
coups de la sonnette, imitait Mme Aubain, — « Féli-
cité ! la porte ! la porte ! »

Ils avaient des dialogues, lui, débitant à satiété les
trois phrases de son répertoire, et elle, y[579] répondant
par des mots sans plus de suite[580], mais où son cœur
s'épanchait. Loulou, dans son isolement, était presque
un fils, un amoureux. Il escaladait ses doigts, mor-
dillait ses lèvres, se cramponnait à son fichu ; et,
comme elle penchait son front en branlant la tête à la
manière des nourrices, les grandes ailes du bonnet et
les ailes de l'oiseau frémissaient ensemble.

Quand des nuages s'amoncelaient et que[581] le ton-
nerre grondait, il poussait des cris, se rappelant peut-
être les ondées de ses forêts natales. Le ruissellement
de l'eau excitait son délire ; il voletait éperdu[582], mon-
tait au plafond, renversait tout, et par la fenêtre allait
barboter dans le jardin ; mais revenait vite sur un des
chenets, et, sautillant pour sécher ses plumes, mon-

---

579) **y**：= au perroquet。580) **sans plus de suite**：「なんの脈
絡もない」。581) **que**：先行する接続詞 quand の代用。582)

— 128 —

第4章

　彼女を楽しませるかのように、ルルは、焼き串回転機の回る音や、魚売りの甲高い呼び声、向かいに住む指物師の鋸（のこぎり）の音などをまねしてみせた。呼び鈴が鳴ると、オバン夫人をまねて言った。「フェリシテ！　ゲンカンヨ！　ゲンカンヨ！」

　フェリシテとルルは向かい合って言葉を交わした。ルルがお得意の三つの文句をうんざりするほどくり返すと、彼女の方は、脈略のない言葉で答えるが、そこには思いの丈があふれていた。孤独に暮らす彼女にとって、ルルはほとんど息子であり、恋人だった。彼女の指によじのぼったり、唇を軽くかんだり、肩掛けにまといついたりする。そして彼女が、乳母がやるように首を振りながらおでこを寄せると、ボンネットの大きなふちと鳥の翼とが一緒に揺れるのだった。

　雲が立ち上がり、雷が鳴ると、おそらく故郷の森の夕立を思い出すのだろう、ルルは叫び声をあげた。雨水が勢いよく流れるのを見るとひどく熱狂した。狂ったように飛び回り、天井に舞い上がり、そこらじゅうの物をひっくり返し、さらに窓から庭へ飛び出して泥水の中をはしゃぎ回った。しかしすぐに戻ってきて暖炉の薪台に乗ると、羽を乾かそうとぴょんぴょん跳ねて、尾を見せた

éperdu：il の同格的形容詞。

Chapitre 4

trait tantôt sa queue, tantôt [583] son bec.

Un matin du terrible hiver de 1837, qu'[584] elle
l'avait mis devant la cheminée, à cause du froid, elle
le trouva[585] mort, au milieu de sa cage, la tête en bas,
5 et les ongles dans les fils de fer. Une congestion
l'avait tué, sans doute ? Elle crut à[586] un empoisonne-
ment par le persil ; et, malgré l'absence de toutes
preuves, ses soupçons portèrent sur[587] Fabu.

Elle pleura tellement que sa maîtresse lui dit : —
10 « Eh bien ! faites-le empailler ! »

Elle demanda conseil au pharmacien, qui avait tou-
jours été bon pour le perroquet.

Il écrivit au Havre. Un certain[588] Fellacher se char-
gea de[589] cette besogne. Mais, comme la diligence
15 égarait parfois les colis, elle résolut de[590] le porter
elle-même jusqu'à Honfleur.

Les pommiers sans feuilles se succédaient aux
bords de la route. De la glace couvrait les fossés. Des
chiens aboyaient autour des fermes ; et les mains
20 sous son mantelet, avec ses petits sabots noirs et son

---

583) **tantôt ~ tantôt ~**：「ある時は～またある時は～」。584)
que：時を示す接続詞 quand に相当。585) **trouva**：trouver
qn./qc. ＋属詞「～が～の状態であるのを見出す」。586)
croire à qc.：「～をありそうなことだと信じる」。587) **porter**

— 130 —

第4章

りくちばしを突き出したりしている。

1837 年の、寒さが厳しい冬のある朝、あまりに寒いので鸚鵡を暖炉の前に置いていたが、あとで見ると鳥籠の真ん中で、頭を下にして、爪を金網に掛けたまま死んでいた。うっ血して死んだのだろうか？　彼女はパセリの毒で殺されたのだと思い込んだ。そして、なんの証拠もないのに、彼女の疑いはファビュに向けられた。

フェリシテがあまりにも泣くので、オバン夫人は言った。「そうだわ！　剝製にしてもらいなさい！」

彼女は、いつも鸚鵡にやさしくしてくれた薬剤師に相談してみた。

彼はル・アーヴルに手紙を書いてくれた。フェラシェとかいう男がその仕事を引き受けた。しかし乗合馬車だと往々にして荷物を紛失することがあるので、自分でオンフルールに持っていこうと決心した。

すっかり葉の落ちたリンゴの木が街道の両側に続いていた。溝には氷が張っている。あちこちの農家のまわりで犬が吠えていた。短いマントの下に両手を入れ、小さな黒い木靴をはき、手籠を下げて、フェリシテは舗道の

---

sur：「～に及ぶ、～を対象とする」。588) **Un certain ~**：「～とかいう人」。589) **se charger de**：「～を引き受ける」。590) **résoudre de + inf**：「～する決心をする」。

— 131 —

Chapitre 4

cabas, elle marchait prestement, sur le milieu du pavé.

Elle traversa la forêt, dépassa le Haut-Chêne, atteignit Saint-Gatien[591].

Derrière elle, dans un nuage de poussière et emportée[592] par la descente, une malle-poste au grand galop[593] se précipitait comme une trombe. En voyant cette femme qui ne se dérangeait pas, le conducteur se dressa par-dessus la capote, et le postillon criait aussi, pendant que ses quatre chevaux, qu'il ne pouvait retenir, accéléraient leur train[594] ; les deux premiers la frôlaient ; d'une secousse de ses guides[595], il les jeta dans le débord, mais furieux[596] releva le bras, et à pleine volée[597], avec son grand fouet, lui cingla du ventre au chignon un tel coup qu'[598] elle tomba sur le dos[599].

Son premier geste, quand elle reprit connaissance[600], fut d'ouvrir son panier. Loulou n'avait rien, heureusement. Elle sentit une brûlure à la joue droite ; ses mains qu'elle y[601] porta étaient rouges. Le sang coulait.

Elle s'assit sur un mètre de cailloux[602], se tamponna le visage avec son mouchoir, puis elle mangea

---

591) **Saint-Gatien**：ポン＝レヴェックの北7kmにある町。

第4章

真ん中をすばやく歩いた。

　森を横切り、オ＝シェーヌを過ぎ、サン＝ガシアンに着いた。

　その背後から、砂埃を立てて、下り坂で速度を増した郵便馬車が疾風のように全速力で突進してきた。脇によけようともしないこの女を見て、御者は幌の上に身を乗り出し、前の副御者も大声でどなったが、制御のきかない4頭の馬はますます速度を上げ、前の2頭がフェリシテをかすめた。副御者は手綱を振って馬を舗道のへりにそらしたが、怒りのあまり腕を高く上げ、フェリシテの腹から首にかけて、力いっぱい大きな鞭でひと振り見舞ったので、彼女はあおむけにひっくり返った。

　意識を取り戻して真っ先にしたのは、かごを開けてみることだった。幸いにも、ルルは無事だった。右の頬に焼けつくような痛みを感じた。手を当てると真っ赤だった。血が流れていた。

　彼女は砂利の山に腰かけ、ハンカチで軽く顔を押さえ

──────────────────────

592) **emportée**：次の une malle-poste の様態を示す過去分詞。593) **au grand galop**：「全速力で」。594) **train**：「速度」。595) **guides**：「（複数で）手綱」。596) **furieux**：il の同格的形容詞。597) **à pleine volée**：「力いっぱいに」。598) **tel ~ que ＋ 直説法**：「あまりに～なので～」。599) **sur le dos**：「あおむけに」。600) **reprendre connaissance**：「意識を取り戻す」。601) **y**：＝ à la joue。602) **un mètre de cailloux**：＝ le tas de cailloux qui fait un mètre cube。

── 133 ──

Chapitre 4

une croûte de pain, mise dans son panier par précaution[603], et se consolait de sa blessure en regardant l'oiseau.

Arrivée au sommet d'Ecquemauville[604], elle aperçut les lumières de Honfleur qui scintillaient dans la nuit comme une quantité d'étoiles ; la mer, plus loin, s'étalait confusément. Alors une faiblesse l'arrêta ; et la misère de son enfance, la déception du premier amour, le départ de son neveu, la mort de Virginie, comme les flots d'une marée, revinrent à la fois, et, lui[605] montant à la gorge, l'étouffaient.

Puis elle voulut parler au capitaine du bateau ; et, sans dire ce qu'elle envoyait, lui fit des recommandations.

Fellacher garda longtemps le perroquet. Il le promettait toujours pour la semaine prochaine ; au bout de six mois, il annonça le départ d'une caisse ; et il n'en[606] fut plus question. C'était à croire que[607] jamais Loulou ne reviendrait[608]. « Ils me l'auront volé[609] ! » pensait-elle.

---

603) **par précaution**：「念のため」。604) **Ecquemauville**：オンフルールの南3kmにある町。605) **lui**：la gorge の所有者フェリシテをさす。606) **en**：= du perroquet（= il est question du perroquet「鸚鵡のことが話題になる」）。607) **C'est à**

— 134 —

第 4 章

た。それから、念のためかごに入れてきたパン皮を食べ
た。そして鸚鵡を眺めているうちに傷の痛みも忘れた。

　エクモーヴィルの頂きに着くと、オンフルールの街の
光が見えた。それは無数の星々のように夜の闇にきらめ
いていた。その向こうに、海が茫漠と広がっている。す
ると急に気力が失せて立ち止まった。子供時代のみじめ
さ、初恋の幻滅、甥の出発、ヴィルジニーの死などが、
押し寄せる波のように一度によみがえって、喉元までこ
みあげ、胸をつまらせた。

　やがて彼女は船長に話を通しておこうと思った。そし
て何を送るのかは言わず、きめ細かく指示を与えた。

　フェラシェは長いこと鸚鵡を預かったままだった。い
つも、来週にはできると約束をする。半年たって、荷箱
を送ったと知らせてきた。それきり連絡はぷっつり途絶
えた。どうやらルルは二度と戻ってこないようだ。「盗
まれてしまったんだ！」と彼女は考えた。

---

croire que ~：「どうやら～のようだ」。608) **reviendrait**：
revenir の条件本現在。過去未来を表す。609) **auront volé**：
前未来（過去の推測）。

Chapitre 4

Enfin il arriva, — et splendide[610], droit sur une branche d'arbre, qui se vissait dans un socle d'acajou, une patte en l'air, la tête oblique[611], et mordant une noix, que l'empailleur par amour du grandiose avait
5 dorée.

Elle l'enferma dans sa chambre.

Cet endroit, où elle admettait peu de monde[612], avait l'air tout à la fois d'[613] une chapelle et d'un bazar, tant il contenait d'objets religieux et de choses
10 hétéroclites.

Une grande armoire gênait pour ouvrir la porte. En face de la fenêtre surplombant le jardin, un œil-de-bœuf[614] regardait[615] la cour ; une table, près du lit de sangle, supportait un pot à l'eau, deux peignes, et un
15 cube de savon bleu dans une assiette ébréchée. On voyait contre les murs : des chapelets, des médailles[616], plusieurs bonnes Vierges[617], un bénitier en noix de coco ; sur la commode, couverte d'un drap comme un autel, la boîte en coquillages que lui avait
20 donnée Victor ; puis un arrosoir et un ballon, des

610）**splendide**： 前 に il était を 補 う。611）**une patte ... oblique**：様態を表す状況補語。612）**peu de monde**：「ごくわずかな人々」。613）**avoir l'air de**：「～のように見える」。614）**œil-de-bœuf**：「円窓」。615）**regarder**：「～に面してい

第4章

　ついに鸚鵡が届いた。——それもまぶしいほど立派だった。マホガニーの台座にねじで留めた木の枝にまっすぐ立ち、片脚を上げて首をかしげ、剝製職人が仰々しい趣味から金色に塗ったクルミをくわえている。

　彼女はそれを自分の部屋にしまい込んだ。

　そこは彼女がほとんど人を入れない場所で、礼拝堂と市場〔バザール〕を兼ねた趣きがあり、信仰に関する品や種々雑多な物がつめこまれていた。

　大きな箪笥が、扉を開ける邪魔をしていた。表庭に張り出した窓の向かい側には、小さな円窓が中庭に面している。折り畳みベッドのそばのテーブルには水差しが一つ、櫛が二つ、ふちの欠けた皿に入った四角い青石鹸が載っていた。壁際には、ロザリオ、メダイ、いくつかの聖母像、椰子の実でできた聖水盤が並べてある。祭壇のように布で覆われた整理箪笥の上には、ヴィクトールがくれた貝殻細工の箱、それからじょうろとボール、習字

る」。616) **médaille**：教会の祝別を受けて作られた、カトリック信徒が身につける聖人像などを刻んだ小型のメダル。この頃特に量産された。617) **des chapelets ... Vierges**：フェリシテの信仰に関するこれらの雑多な品々が壁際に並んでいる様子は、礼拝堂の壁に並べて掛けられた ex-voto（願いが叶った時などに感謝して納める奉納品）を想起させる。

Chapitre 4

cahiers d'écriture, la géographie en estampes, une paire de bottines ; et au clou du miroir, accroché par ses[618] rubans, le petit chapeau de peluche ! Félicité poussait même ce genre de respect si loin qu'elle
5 conservait une des redingotes de Monsieur. Toutes les vieilleries dont[619] ne voulait plus Mme Aubain, elle les prenait pour sa chambre. C'est ainsi qu'[620] il y avait des fleurs artificielles au bord de la commode, et le portrait du comte d'Artois[621] dans l'enfoncement
10 de la lucarne.

Au moyen d'[622] une planchette, Loulou fut établi sur un corps[623] de cheminée qui avançait dans l'appartement. Chaque matin, en s'éveillant, elle l'apercevait à la clarté de l'aube, et se rappelait alors les jours
15 disparus, et d'insignifiantes actions jusqu'en leurs moindres détails, sans douleur, pleine de tranquillité.

Ne communiquant avec personne, elle vivait dans une torpeur de somnambule. Les processions de la Fête-Dieu la ranimaient. Elle allait quêter chez les
20 voisines des flambeaux et des paillassons, afin d'embellir le reposoir que l'on dressait dans la rue.

---

618) **ses**：次の chapeau にかかる所有形容詞。619) **dont**： vouloir de qc.「～を必要とする」(主に否定形で用いる)。主語は Mme Aubain で倒置。620) **C'est ainsi que ~**：「そうい

— 138 —

第 4 章

帳、絵入りの地理の本、編み上げ靴があった。鏡を掛けた釘にリボンで吊るしてあるのは、あのビロード生地の小さな帽子である！　フェリシテの、この種の尊敬の念はますます高じて、旦那さまのフロックコートまで一着とっておくほどだった。オバン夫人がもう要らなくなったありとあらゆる古い品々を、残らず自分の部屋にもらってきた。そんなわけで、この整理箪笥の端に造花があったり、屋根窓のくぼみにアルトワ伯の肖像画が掛かっていたりした。

　一枚の小さな板をしつらえて、ルルは部屋の中に突き出た暖炉の上に置かれた。毎朝、目が覚めると、彼女は明け方の光にその姿を目にした。すると過ぎ去った日々や、とるに足りない行いの数々が、ほんの細部に至るまでよみがえってくるのだが、苦しみはなく、安らぎに満たされていた。

　誰とも関わりを持たず、彼女は夢遊病者のように無気力に暮らした。聖体の祝日の行列のことを思うと元気が戻ってきた。通りに設けられる仮祭壇を飾るために、燭台やござを求めて近所の女たちのところをまわった。

うわけで」。621) **comte d'Artois**：ルイ 16 世およびルイ 18 世の弟。大革命で亡命し、ナポレオン没落後の王政復古でシャルル 10 世として即位（1824～1830）、七月革命で退位した。622) **Au moyen de**：「～を使って」。623) **corps**：「本体」。

— 139 —

Chapitre 4

A l'église, elle contemplait toujours le Saint-Esprit,
et observa qu'il avait quelque chose du perroquet. Sa
ressemblance lui parut encore plus manifeste sur une
image d'Épinal[624], représentant le baptême de Notre-
Seigneur. Avec ses ailes de pourpre et son corps
d'émeraude, c'était vraiment le portrait[625] de Loulou.

L'[626] ayant acheté, elle le suspendit à la place du
comte d'Artois, — de sorte que[627], du même coup
d'œil[628], elle les voyait ensemble. Ils s'associèrent
dans sa pensée, le perroquet se trouvant[629] sanctifié
par ce rapport avec le Saint-Esprit, qui devenait plus
vivant à ses yeux et intelligible. Le Père, pour s'énon-
cer[630], n'avait pu choisir une colombe, puisque ces
bêtes-là n'ont pas de voix, mais plutôt un des ancêtres
de Loulou. Et Félicité priait en regardant l'image,
mais de temps à autre se tournait un peu vers l'oiseau.

---

624) **image d'Épinal**：フランス北東部の都市エピナルで生
産された色彩鮮やかな民衆版画。行商人によって各地方に販
売された。宗教的題材も多く刷られ、ここでフェリシテの眺
める、洗礼者ヨハネによるキリストの洗礼図（頭上に鳩の姿
をした聖霊が描かれる）はよく知られた題材だった。扉の挿
絵を参照。625) **portrait**：「肖像画、生き写し」。626) **L'**：＝

— 140 —

第 4 章

　教会では、彼女はいつも聖霊をじっと見つめていた。
そしてそれがどこか鸚鵡に似ていることに気がついた。
その似ていることは、我らが主の洗礼を描いたエピナル
版画を見ると、ますますはっきりするように思われた。
深紅の翼とエメラルド色の体は、まさにルルそっくりで
はないか。

　その版画を買ってきて、彼女はアルトワ伯の代わりに
掛けた。——そうすることで、鸚鵡と聖霊を一目で、両
方一緒に見られるようになった。この二つは彼女の頭の
なかで互いに結びついた。鸚鵡は聖霊との関係によって
神聖なものとなり、聖霊は彼女の目にいっそう生き生き
とわかりやすいものとなった。父なる神は、そのみ心を
告げられるにあたり、鳩のような言葉を持たない鳥など
をお選びになったわけがない。むしろルルの先祖をお選
びになったにちがいない。そしてフェリシテは聖霊の絵
を見つめながらお祈りをし、時々ちょっと鸚鵡の方に目
を向けるのだった。

---

le portrait。本来であれば une image d'Épinal をさすので、
過去分詞は achetée となるはずであるが、フェリシテにとっ
てそれはあくまでルルの肖像画なのである。627) **de sorte
que + 直説法**：「したがって、それで」。628) **du même coup
d'œil**：「一目で」。629) **se trouver + 属詞**：「（〜の状態に）な
る」。630) **s'énoncer**：= s'exprimer、parler。

— 141 —

Chapitre 4

Elle eut envie de se mettre dans les demoiselles de la Vierge[631]. Mme Aubain l'en dissuada[632].

Un événement considérable surgit : le mariage de Paul.

5 Après avoir été d'abord clerc de notaire, puis dans le commerce, dans la douane, dans les contributions, et même avoir commencé des démarches pour les eaux et forêts, à trente-six ans, tout à coup, par une inspiration du ciel, il avait découvert sa voie : l'enre-
10 gistrement ! et y[633] montrait de si hautes facultés qu'un vérificateur lui avait offert sa fille, en lui promettant sa protection.

Paul, devenu sérieux, l'amena chez sa mère.

Elle dénigra les usages de Pont-l'Évêque, fit la
15 princesse[634], blessa Félicité. Mme Aubain, à son départ, sentit un allégement.

La semaine suivante, on apprit la mort de M. Bourais, en basse Bretagne, dans une auberge. La rumeur d'un suicide se confirma ; des doutes s'élevèrent sur
20 sa probité. Mme Aubain étudia ses comptes, et ne

---

631) **demoiselles de la Vierge**：ラ・サレットやルルドの「聖母出現」が示すように、19世紀はマリア信仰が復活した時代である。フェリシテが部屋にロザリオやメダイ、聖母像を収集するのもこれと無関係ではない。632) **dissuader qn. de**

— 142 —

第 4 章

彼女は聖母マリアに奉仕する乙女たちの仲間に入りたいと思った。オバン夫人がそれを思いとどまらせた。

大きな事件が起こった。ポールの結婚である。

初めに公証人の見習いとなり、それから貿易、税関、税務署を転々とし、さらには水道林野局に入るための働きかけまで始めたのだが、36 歳にして突如、天啓に打たれたのか、自分の進むべき道を見つけた。なんと登記所である！ そこできわめて高い能力を発揮したので、ある検査官が後々まで面倒を見ると約束して、娘を嫁にくれることになった。

ポールは真面目な人間になって、妻を母親の家に連れてきた。

彼女はポン＝レヴェックのしきたりにけちをつけ、お高くとまった態度をとったので、フェリシテを不快にさせた。オバン夫人は彼女が帰るとほっとした。

次の週、ブレ氏が低地ブルターニュの宿屋で死んだという知らせがあった。自殺のうわさは本当だとわかった。彼の誠実さについてもいろいろと疑いが生じた。オバン夫人が彼の会計報告を調べてみると、すぐさま卑劣な行

━━━━━━━━━━━━━━━━━━━━━━━━

qc.：「〜に〜を思いとどまらせる」。633) **y**：= à l'enseigne-ment。634) **faire sa princesse**：「(女性が) つんとすましている」。

— 143 —

Chapitre 4

tarda pas à[635] connaître la kyrielle de[636] ses noir-
ceurs : détournements d'arrérages, ventes de bois dis-
simulées, faussés quittances, etc. De plus, il avait un
enfant naturel[637], et « des relations avec une personne
de Dozulé[638] ».

Ces turpitudes l'[639] affligèrent beaucoup. Au mois
de mars 1853, elle fut prise d'[640] une douleur dans la
poitrine ; sa langue paraissait couverte de fumée, les
sangsues ne calmèrent pas l'oppression ; et le neu-
vième soir elle expira, ayant juste soixante-douze
ans.

On la croyait moins vieille, à cause de ses cheveux
bruns, dont les bandeaux[641] entouraient sa figure
blême, marquée de la petite vérole[642]. Peu d'amis la
regrettèrent, ses façons étant[643] d'une hauteur qui
éloignait.

Félicité la pleura[644], comme on ne pleure pas[645] les
maîtres. Que Madame mourût[646] avant elle, cela

---

635) **ne tarder pas à** :「すぐに〜する」。636) **kyrielle de** :
「延々と続く〜、非常に多くの〜」。＜kyrie「キリエ」（カト
リックのミサで何度も唱えられる祈り）。637) **enfant natu-
rel** :「私生児」。現代では一般的に婚外子という。638)
Dozulé : ポン＝レヴェックから西へ約18kmにある小さな
町。639) **l'** : ＝Mme Aubain。640) **être pris(e) de 〜** :「〜に

— 144 —

第 4 章

為が次から次へと明らかになった。延滞金の横領、裏で
の森林売却、領収証の偽造などである。その上私生児ま
でいて、「ドジュレのある女との関係」もあった。

　この恥知らずな行為の数々は夫人をひどく傷つけた。
1853 年 3 月、彼女は胸の痛みに襲われた。舌は白い苔
で覆われたようになり、蛭に血を吸わせても息苦しさは
治らなかった。そして 9 日目の晩、ちょうど 72 歳で彼
女は息をひきとった。

　髪の毛は褐色だったので、それほどの歳とは思われて
いなかった。左右に分けた髪で、天然痘の跡が残る蒼白
い顔を包んでいた。その振る舞いには人を遠ざける尊大
なところがあったので、彼女の死を悼む友人はほとんど
なかった。

　主人の死を悲しんで泣く者などいないこのご時世に、
フェリシテは奥さまの死を悲しんで泣いた。奥さまが自
分よりも先に死んでしまう、そのことが彼女の考えを混

───────────────────────

かかる、～に襲われる」。641) **bandeaux**：「真ん中で左右に
分けた髪型」。642) **petite vérole**：「天然痘」。643) **ses
façons étant ...**：原因を表す絶対分詞構文（être de「～の性
質のある」）。644) **pleurer qn.**：「～の死を悼む」。645)
comme on ne pleure pas：comme は時（同時性）を表す。
pleure は普遍的真理を表す現在形。646) **Que Madame
mourût**：que に導かれて主語の働きをする名詞節。動詞は
接続法。主節は ce、cela などで受ける。

— 145 —

Chapitre 4

troublait ses idées, lui semblait contraire à l'ordre des choses, inadmissible et monstrueux.

Dix jours après (le temps d'accourir de Besançon), les héritiers[647] survinrent. La bru fouilla les tiroirs, choisit des meubles, vendit les autres, puis ils regagnèrent l'enregistrement.

Le fauteuil de Madame, son guéridon, sa chaufferette, les huit chaises, étaient partis ! La place des gravures se dessinait en carrés jaunes au milieu des cloisons. Ils avaient emporté les deux couchettes, avec leurs matelas, et dans le placard on ne voyait plus rien de toutes les affaires de Virginie ! Félicité remonta les étages, ivre de tristesse.

Le lendemain il y avait sur la porte une affiche ; l'apothicaire lui cria dans l'oreille que la maison était à vendre[648].

Elle chancela, et fut obligée de[649] s'asseoir.

Ce qui la désolait principalement, c'était d'abandonner sa chambre, — si commode pour le pauvre Loulou. En l'enveloppant[650] d'un regard d'angoisse, elle implorait le Saint-Esprit, et contracta l'habitude

---

647) **héritiers**：息子であるポールとその妻。648) **être à vendre**：「売りに出されている」。649) **être obligé(e) de +**

— 146 —

第4章

乱させ、物事の筋道からはずれた、許しがたく、異様な
ことのように思われるのだった。

10日後（ブザンソンから駆けつけるのに要する日数）、
相続人夫婦がやって来た。妻は引出しをひっかき回し、
家具を選び、その他のものは売り払い、やがて彼らは登
記所に帰っていった。

奥さまの肘掛椅子も、小型の円テーブルや足温器や八
つの椅子も、みんな運ばれてしまった！　版画のあった
場所は、黄色く四角い跡となって仕切り壁の中央に残っ
ていた。二つの子供用ベッドも、マットレスと一緒に持
ち去られてしまい、クローゼットにはヴィルジニーの身
のまわりの品はもう何ひとつ見当たらない！　フェリシ
テは悲しみのあまりよろけながら、階段を上がっていっ
た。

翌日、入口の戸に張り紙がしてあった。薬剤師が彼女
の耳元で、家が売りに出されたと大声で教えた。

彼女は足元がぐらついて、座り込んでしまった。

とりわけ彼女につらい思いをさせたのは、自分の部屋
を手放さなければならないことだった。——かわいそう
なルルにとって、こんなに居心地よい部屋なのに。彼女
は不安に満ちたまなざしで鸚鵡をみつめながら、聖霊に

---

inf. :「～しなければならない」。650) **envelopper qn. du
regard** :「～をやさしく見つめる」。

— 147 —

Chapitre 4

idolâtre de dire ses oraisons agenouillée[651] devant le
perroquet. Quelquefois, le soleil entrant par la lucarne
frappait son œil de verre, et en[652] faisait jaillir un
grand rayon lumineux qui la mettait en extase.

5　Elle avait une rente de trois cent quatre-vingts
francs, léguée par sa maîtresse. Le jardin lui fournis-
sait des légumes. Quant aux habits, elle possédait de
quoi[653] se vêtir jusqu'à la fin de ses jours[654], et épar-
gnait l'éclairage en se couchant dès le crépuscule.

10　Elle ne sortait guère, afin d'éviter la boutique du
brocanteur, où[655] s'étalaient quelques-uns des anciens
meubles. Depuis son étourdissement, elle traînait une
jambe ; et, ses forces diminuant[656], la mère Simon,
ruinée dans l'épicerie, venait tous les matins fendre
15　son bois et pomper de l'eau.

Ses yeux s'affaiblirent. Les persiennes n'ouvraient
plus. Bien des[657] années se passèrent. Et la maison ne
se louait pas, et ne se vendait pas.

Dans la crainte qu'[658] on ne la renvoyât, Félicité ne
20　demandait aucune réparation. Les lattes du toit pour-

651）**agenouillée**：様態を示す過去分詞。652）**en**：= de son
œil de verre。653）**de quoi + inf.**：「～するのに必要なもの」。
654）**ses jours**：「（複数で）人生、生涯」。655）**où**：以下の主
語は quelques-uns で倒置。656）**ses forces diminuant**：絶対

— 148 —

第 4 章

向かって祈った。そのうち鸚鵡の前でひざまずいて祈禱をあげるという偶像崇拝めいた習慣がついてしまった。時々、太陽が屋根窓から差し込んで鸚鵡のガラスの目に当たると、一筋の大きな光を放ち、それがフェリシテを恍惚とさせた。

彼女には女主人から遺贈された 380 フランの年金があった。庭からは野菜が採れた。衣服といえば、一生着るだけの分があった。夕暮れになると床についてあかりを節約した。

古道具屋を通らなくてすむように、ほとんど外出しなかった。その店先には以前家にあった家具がいくつか並べてあったからだ。めまいを起こして以来、片方の足をひきずるようになった。体力も衰えたので、破産した食料品屋のシモンのおかみさんが毎朝やって来て、薪割りと水汲みをしてくれた。

視力も弱くなった。鎧戸（よろいど）が開くことはもうなかった。それから何年もが過ぎた。家は借り手がつかず、買い手もなかった。

家から追い出されはしまいかと恐れて、フェリシテは修理を何ひとつ頼まなかった。屋根の貫板（ぬきいた）は腐っていっ

分詞構文。理由・原因を表す。657) **Bien des + 複数名詞**：「多くの～」。658) **Dans la crainte que (ne) + 接続法**：「～することを恐れて」（ne は虚字）。

Chapitre 4

rissaient ; pendant tout un hiver son traversin fut
mouillé. Après Pâques, elle cracha du sang.

Alors la mère Simon eut recours à[659] un docteur.
Félicité voulut savoir ce qu'elle avait[660]. Mais, trop
sourde pour[661] entendre, un seul mot lui parvint :
« Pneumonie. » Il lui était connu, et elle répliqua
doucement : — « Ah ! comme Madame », trouvant
naturel de suivre sa maîtresse.

Le moment des reposoirs approchait.

Le premier était toujours au bas de la côte, le
second devant la poste, le troisième vers le milieu de
la rue. Il y eut des rivalités à propos de celui-là[662] ; et
les paroissiennes choisirent finalement la cour de
Mme Aubain.

Les oppressions et la fièvre augmentaient. Félicité
se chagrinait de ne rien faire pour le reposoir. Au
moins[663], si elle avait pu y mettre[664] quelque chose !
Alors elle songea au perroquet. Ce n'était pas conve-
nable, objectèrent les voisines. Mais le curé accorda

---

659) **avoir recours à**：「～に頼る、訴える」。660) **ce qu'elle
avait**：「どうしたのか」（間接疑問節）。cf. Qu'est-ce que
vous avez ?「どこが悪いのですか」。661) **trop ～ pour +
inf.**：「～するにはあまりに～だ」。662) **celui-là**：= le

— 150 —

第 4 章

た。冬のあいだずっと、枕は湿ったままだった。復活祭
のあと、彼女は血を吐いた。

そこでシモンのおかみさんは医者に助けを求めた。
フェリシテはどこが悪いのか知りたがった。しかしあま
りに耳が遠いので、聞こえたのはただ「肺炎」という言
葉だけだった。その言葉は彼女も知っていた。それで静
かに言った。「ああ！　奥さまと同じだ」。自分の主人に
従うのは自然なことと思われた。

仮祭壇を設ける時期が近づいてきた。

第１の仮祭壇は決まって丘のふもとに、第２は郵便局
の前に、第３は通りの中ほどに作られた。第３の場所に
ついてはどこにするかもめたが、教区の女たちは結局、
オバン夫人の中庭を選んだ。

息苦しさが増し、熱が高くなっていった。フェリシテ
は仮祭壇のために何もできないことを悲しんだ。せめて
何かお供えすることができたら！　そのとき鸚鵡のこと
を思い出した。そんなものはふさわしくないと近所の女
たちは反対した。しかし司祭は許しを与えた。彼女は喜

---

troisième reposoir。663）**Au moins**：「せめて、少なくとも」。
664）**si elle avait pu y mettre**：si + 大過去は実現しえなかっ
た過去への後悔、遺憾を表す。y = au reposoir。

— 151 —

Chapitre 4

cette permission ; elle en[665] fut tellement heureuse qu'elle le pria d'accepter, quand elle serait[666] morte, Loulou, sa seule richesse.

Du mardi au samedi, veille de la Fête-Dieu, elle toussa plus fréquemment. Le soir son visage était grippé, ses lèvres sa collaient à ses gencives, des vomissements parurent ; et le lendemain, au petit jour[667], se sentant très bas[668], elle fit appeler un prêtre.

Trois bonnes femmes[669] l'entouraient pendant l'extrême-onction[670]. Puis elle déclara qu'elle avait besoin de parler à Fabu.

Il arriva en toilette des dimanches[671], mal à son aise[672] dans cette atmosphère lugubre.

— « Pardonnez-moi », dit-elle avec un effort pour étendre le bras, « je croyais que c'était vous qui l'aviez tué ! »

Que signifiaient des potins pareils ? L'avoir soupçonné d'[673] un meurtre, un homme comme lui ![674] et

---

665) **en** : = de cela。666) **serait** : 過去未来を表す条件法。
667) **au petit jour** :「夜明けに」。668) **très bas** :「（体力、気力が）低下して」。bas は副詞。669) **bonnes femmes** :「おかみさんたち」。670) **extrême-onction** :「終油の秘跡」。司祭によって臨終の病人に聖油が塗られる癒しの秘跡。カト

第 4 章

びのあまり、自分が死んだときには、たったひとつの宝物であるルルを受け取っていただきたいと司祭にお頼みした。

火曜日から、聖体祭の前日の土曜日にかけて、彼女はいっそう激しく咳き込んだ。その晩、顔はひきつり、唇は乾いて歯茎に張りつき、吐き気が襲ってきた。翌日の明け方、すっかり気力が衰えてきたのを感じて、司祭を呼んでもらった。

3人のおかみさんが、終油の秘跡のあいだまわりを囲んでいた。やがて、彼女はファビュに話したいことがあると言った。

彼は晴れの装いでやって来て、この陰鬱な雰囲気の中で居心地が悪そうだった。

「許してくださいな」、彼女は懸命に腕を伸ばそうとして言った。「あれを殺したのは、あなただとばかり思っていたんですよ！」

一体、なんだってこんなででたらめを言うんだ？　人殺しの疑いをかけるなんて、よりによってこの俺に！　彼

リック教会の七つの秘跡の一つ。671) **en toilette des dimanches**：「晴れ着で」。672) **mal à son aise**：「居心地が悪く」。673) **soupçonner qn. de qc.**：「〜のことで〜に嫌疑を掛ける」。674) **Que signifiaient ... lui !**：自由間接話法。

— 153 —

Chapitre 4

il s'indignait, allait faire du tapage. — « Elle n'a plus sa tête[675], vous voyez bien ! »

Félicité de temps à autre parlait à des ombres. Les bonnes femmes s'éloignèrent. La Simonne[676] déjeuna.

Un peu plus tard, elle prit Loulou, et, l'approchant de[677] Félicité :

— « Allons ! dites-lui adieu ! »

Bien qu'il ne fût pas un cadavre, les vers le dévoraient ; une de ses ailes était cassée, l'étoupe lui[678] sortait du ventre. Mais, aveugle à présent[679], elle le baisa au front, et le gardait contre sa joue. La Simonne le reprit, pour le mettre sur le reposoir.

---

675) **n'a plus sa tête**：「もう頭がおかしくなっている」（=perdre la tête）。676) **La Simonne**：= La mère Simon. 夫の姓を女性形にして用いる場合は庶民の女性に対する親しい呼

第 4 章

は腹を立て、大騒ぎになるところだった。「この人はも
うまともな頭じゃないんだよ、お前さんもわかるだろ！」

　フェリシテは時折、影に向かって話しかけた。おかみ
さんたちは帰っていった。シモンのおかみさんは朝食を
とった。

　しばらくたって、彼女はルルを取ってくると、フェリ
シテに近づけて言った。

　「さあ！　お別れを言っておやり！」

　鳥はもう死骸のままではなかったのに、すっかり虫に
食われていた。翼の片方は折れてしまい、腹から麻くず
がはみ出していた。しかし、今では目の見えなくなった
彼女は、その額に接吻してやり、じっと頬に押しあてて
離さなかった。シモンのおかみさんは、またそれを取る
と、仮祭壇に供えに行った。

び方となる。677) **l'approchant de**：approcher ~ de ...「～
を…に近づける」。678) **lui**：le ventre の所有者ルルをさす。
679) **à présent**：「今では」。

— 155 —

V

Les herbages envoyaient l'odeur de l'été ; des mouches bourdonnaient ; le soleil faisait luire la rivière, chauffait les ardoises. La mère Simon, revenue dans la chambre, s'endormait doucement.

Des coups de cloche la[680] réveillèrent ; on sortait des vêpres. Le délire de Félicité tomba[681]. En songeant à la procession, elle la voyait[682], comme si elle l'eût suivie.

Tous les enfants des écoles, les chantres et les pompiers marchaient sur les trottoirs, tandis qu'au milieu de la rue s'avançaient[683] premièrement : le suisse armé de sa hallebarde, le bedeau avec une grande croix, l'instituteur surveillant les gamins, la religieuse inquiète de ses petites filles ; trois des plus mignonnes, frisées comme des anges, jetaient dans l'air des pétales de roses ; le diacre, les bras écartés, modérait la musique ; et deux encenseurs se retournaient à chaque pas vers le Saint-Sacrement[684], que portait[685], sous un dais de velours ponceau tenu par

---

680) **la**：= la mère Simon。681) **tomber**：「（熱などが）おさまる」。682) **voir**：「目に浮かべる」。683) **s'avançaient**：主

V

　牧草地が夏の匂いを送ってきた。蠅が羽音を立てている。太陽は川面を輝かせ、スレートの屋根を焦がしていた。シモンのおかみさんは部屋に戻ってきて、穏やかに眠り込んだ。

　鐘の音で、目を覚ました。夕べの祈りを終えて人が出てきた。フェリシテのうわ言も落ち着いた。彼女は行列のことを考えながら、まるで自分もあとについて歩いているかのように、そのありさまを目に浮かべるのだった。

　小学校の子供たち全員、聖歌隊員や消防士たちが両側の歩道を歩いていく。また、通りの真ん中を進むのは、先頭に十文字槍を掲げた教会の警護員、大きな十字架を持った堂守、いたずらっ子たちを見張る先生、少女たちに気を配る修道女である。天使のように髪のちぢれた、とくにかわいい3人の少女たちが、ばらの花びらを空に向かって撒いていた。助祭は両腕を広げて楽隊の調子をとっている。ふたりの香炉持ちは、一歩進むたびに聖体の方に体を向ける。聖体は、4人の教会管理委員が支える深紅のビロードの天蓋の下で、美しい上祭服をまとっ

語は le suisse 以下。主語が長いので倒置されている。684)
Saint-Sacrement：「聖体」（= Eucharistie）。→注 291。685)
que portait：主語は M. le curé で倒置。

Chapitre 5

quatre fabriciens, M. le curé, dans sa belle chasuble.
Un flot de monde se poussait derrière, entre les
nappes blanches couvrant le mur des maisons ; et l'on
arriva au bas de la côte.

5　　Une sueur froide mouillait les tempes de Félicité.
La Simonne l'épongeait avec un linge, en se disant
qu'un jour il lui faudrait passer par[686] là.

Le murmure de la foule grossit, fut un moment très
fort, s'éloignait.

10　　Une fusillade[687] ébranla les carreaux. C'était les
postillons[688] saluant l'ostensoir. Félicité roula ses
prunelles, et elle dit, le moins bas qu'elle put[689] :

— « Est-il bien ? » tourmentée du[690] perroquet.

Son agonie commença. Un râle, de plus en plus
15 précipité, lui soulevait les côtes. Des bouillons
d'écume venaient aux coins de sa bouche, et tout son
corps tremblait.

Bientôt, on distingua le ronflement des ophicléides,
les voix claires des enfants, la voix profonde des
20 hommes. Tout se taisait par intervalles, et le batte-

---

686) **passer par** :「（つらいことを）経験する」（= subir）。
687) **fusillade** :「一斉射撃」。ここでは御者たちが激しく鞭
を鳴らして聖体行列に敬意を表すること。688) **postillons** :
かつてフェリシテが郵便馬車の御者に鞭打たれたことを想起

— 158 —

第5章

た司祭さまが捧げ持っている。そのあとから人の波が、家々の壁に張り渡した白い幔幕のあいだを押し合っていった。やがて行列は丘のふもとに着いた。

冷たい汗がフェリシテのこめかみを濡らした。シモンのおかみさんは布切れでそれを拭いてやり、いつかは自分もこんなふうになるのだと考えた。

群衆のざわめきが大きくなり、一瞬ひときわ高まったと思うと、また遠ざかっていった。

一斉射撃の音が窓ガラスを震わせた。御者たちが行列の聖体顕示台に敬礼をしたのだった。フェリシテは目をぐるりと動かし、やっとしぼり出したかすかな声で言った。

「あれは無事かしら?」鸚鵡のことを心配したのだ。

臨終の苦しみが始まった。喘ぎがますます激しくなってあばら骨が波打った。口の端に泡がたまり、全身が震えた。

やがて、金管楽器のにぶく響く音や、子供たちのよく通る声、男たちの太い声がはっきりと聞こえた。時折、それらの音がふと途切れて静まり返ると、道に撒かれた

させる。689) **le moins bas qu'elle put**：「できる限り声をふりしぼって」。690) **tourmenté(e) de**：「～を心配して」。様態を示す過去分詞。

Chapitre 5

ment des pas, que des fleurs amortissaient, faisait le bruit d'un troupeau sur du gazon.

Le clergé parut dans la cour. La Simonne grimpa sur une chaise pour atteindre à l'œil-de-bœuf, et de
5 cette manière dominait le reposoir.

Des guirlandes vertes pendaient sur l'autel, orné d'un falbala[691] en point[692] d'Angleterre. Il y avait au milieu un petit cadre enfermant des reliques, deux orangers dans les angles, et, tout le long[693], des flam-
10 beaux d'argent et des vases en porcelaine, d'où s'élançaient des tournesols, des lis, des pivoines, des digitales, des touffes d'hortensias. Ce monceau de couleurs éclatantes descendait obliquement, du premier étage jusqu'au tapis se prolongeant sur les
15 pavés ; et des choses rares tiraient les yeux. Un sucrier de vermeil avait une couronne de violettes, des pendeloques en pierres d'Alençon[694] brillaient sur de la mousse, deux écrans chinois montraient leurs paysages. Loulou, caché sous des roses, ne laissait
20 voir que son front bleu, pareil à une plaque de lapis.

---

691) **falbala** :「（テーブルクロスやカーテンの）ひだ飾り」。
692) **en point** :「レース編みの」。693) **tout le long** :「まわり

第5章

花の上を歩く柔らかい足音が、芝生を行く羊の群れの足音のように伝わってきた。

司祭たちが中庭に現れた。シモンのおかみさんは、円窓からのぞこうとして椅子によじのぼった。そうして仮祭壇を見下ろした。

イギリス編みのレースで飾られた祭壇には、緑の葉飾りが掛かっている。中央には聖遺物を納めた小さな容れ物があり、隅々にオレンジの木が2本ずつ立ち、祭壇のまわりには銀の燭台と磁器の花瓶がずらりと並び、そこにひまわり、ゆり、ぼたん、ジギタリス、あじさいの花房などがあふれていた。この積み上げられた鮮やかな色どりは、祭壇の最上段から段々を下って、敷石の上に広がる絨毯まで続いていた。また、数々の珍しい品が目を引いた。すみれの冠をかぶせた金めっきの銀製砂糖壺。苔の上に輝くアランソンの 雫 状の宝石。二枚の中国風衝立には山水図が描かれている。ルルは、ばらの花に隠れて、青い額がわずかに見えるばかりだが、それはラピスラズリの板のようだった。

中」。694）**Alençon**：煙水晶の産出地として知られたノルマンディー地方の都市。

Chapitre 5

Les fabriciens, les chantres, les enfants se ran-
gèrent sur les trois côtés de la cour. Le prêtre gravit
lentement les marches, et posa sur la dentelle son
grand soleil d'or[695] qui rayonnait. Tous s'agenouil-
lèrent. Il se fit un grand silence. Et les encensoirs,
allant à pleine volée, glissaient sur leurs chaînettes.

Une vapeur d'azur monta dans la chambre de Féli-
cité. Elle avança les narines, en la[696] humant avec
une sensualité mystique ; puis ferma les paupières.
Ses lèvres souriaient. Les mouvements de son cœur
se ralentirent un à un[697], plus vagues chaque fois,
plus doux, comme une fontaine s'épuise, comme un
écho disparaît ; et, quand elle exhala son dernier
souffle, elle crut voir, dans les cieux entrouverts[698],
un perroquet gigantesque, planant au-dessus de sa
tête.

---

695) **son grand soleil d'or**：聖体顕示台は、聖体を納めた中
央部分が光線を放つ太陽の形をしている。696) **la**：＝ une
vapeur。697) **un à un**：「ひとつずつ」。698) **cieux entrou-
verts**：「なかば開かれた天空」。cieux は ciel の複数形。新約

— 162 —

第 5 章

　教会管理委員、聖歌隊員、子供たちが中庭の三方に並んだ。司祭はゆっくりと階段をのぼり、それから燦然と輝く大きな金色の太陽をかたどった聖体顕示台をレースの上に置いた。一同はひざまずいた。あたりは静まり返った。吊り香炉が空中に大きく揺れて、鎖の先で滑るように動いた。

　青い香の煙がフェリシテの部屋まで立ちのぼってきた。彼女は鼻を突き出し、神秘的な官能の悦びの中で、それを吸い込んだ。それからまぶたを閉じた。唇はほほえんでいた。心臓の鼓動は、ひとつまたひとつと緩慢になっていき、泉の水が涸れるように、こだまが消えるように、そのたびにいっそう微かに、いっそう穏やかなものになっていった。そして、最期の息を吐いたとき、彼女はなかば開かれた天空に、巨大な鸚鵡が一羽、頭上に舞うのを見たような気がした。

聖書にはイエスの洗礼の場面について、「そのとき、天がイエスに向かって開いた。イエスは神の霊が鳩のように御自分の上に降って来るのを御覧になった」(マタイ3章16)とある。

目録進呈　落丁本・乱丁本はお取替えいたします。

平成 30 年（2018 年）4 月 10 日　　ⓒ 第 1 版 発 行

訳注者	中 島 太 郎	
発行者	佐 藤 政 人	

発 行 所

株式会社 大学書林

東京都文京区小石川 4 丁目 7 番 4 号
振 替 口 座　00120-8-43740
電 話 (03) 3812-6281〜3 番
郵便番号 112-0002

ギュスターヴ・フローベール

純 な 心

ISBN978-4-475-02108-1　　ロガータ/横山印刷/常川製本

大学書林
フランス語訳注書

作者・訳注者	書名	判型	頁数
ジャン・ジャック・ルソー作 但田 栄 訳注	エ ミ ー ル	新書判	176頁
ジャン・ジャック・ルソー作 但田 栄 訳注	孤独な散歩者の夢想	新書判	154頁
モリエール作 秋山伸子 訳注	守 銭 奴	新書判	208頁
アラン・フルニエ作 榊原直文 訳注	モ ー ヌ の 大 将	新書判	214頁
シャトーブリアン作 渥野ゆり子 訳注	ル ネ	新書判	158頁
ジョルジュ・サンド作 金山富美 訳注	愛 の 妖 精	新書判	152頁
エミール・ゾラ作 吉田典子 訳注	居 酒 屋	新書判	192頁
ボードレール作 松井美知子 訳注	パ リ の 憂 鬱	新書判	136頁
ジェラール・ド・ネルヴァル作 坂口哲啓 訳注	シ ル ヴ ィ	新書判	180頁
ジュール・ヴェルヌ作 新島 進 訳注	レのシャープ君とミのフラットさん	新書判	168頁
モーパッサン作 小泉清明 訳注	首 飾 り	新書判	128頁
ドーデー作 島岡 茂 訳注	風 車 小 屋 だ よ り	新書判	108頁
アポリネール作 望月芳郎 訳注	アポリネールの詩と短篇小説	新書判	128頁
モーパッサン作 大塚幸男 訳注	女 の 一 生	新書判	80頁
スタンダール作 島田 実 訳注	恋 愛 論	新書判	104頁
バルザック作 石田友夫 訳注	ファチノ・カーネ	新書判	136頁
ワイルド作 望月一雄 訳注	サ ロ メ	新書判	112頁
アポリネール作 赤木富美子 訳注	アポリネール短篇傑作集	新書判	112頁

―目録進呈―